KOMPASS

Dein Augenblick
BERCHTESGADENER LAND

Die Qualität eines Augenblicks hängt vom Blickwinkel ab.
Wir zeigen dir Aussichten, für die sich der Anstieg lohnt, und verraten,
wo du die besten Ansichten im Berchtesgadener Land erlebst.

Legende

Zennokopf – Zwiesel – Gamsknogel

Die nördliche Bergbegrenzung des Berchtesgadener Landes bietet herrliche Aussichtspunkte – etwa im Westen des Staufenzugs.
Seite 28

Hochstaufen

Der Hochstaufen über Bad Reichenhall – langer Aufstieg, aber fantastische Rundsicht!
Seite 34

Auf den Dötzenkopf

Wer diesen Blick über das Salzburger Becken genießen möchte, muss sich auf den hier beschriebenen Weg machen. **Seite 52**

Steinerne Agnes

Sagenhaft schön in legendärer Landschaft – das ist das Motto dieser Lattengebirgs-Tour.
Seite 58

Listsee

Folge uns zu einem versteckten Naturjuwel im Nahbereich von Bad Reichenhall und entdecke eine grüne Idylle. **Seite 40**

Aschauer Klamm

Wo einst die Holzknechte Baumstämme mit dem Wildwasser Richtung Saline schickten, erlebt man heute eine spannende Schluchtwanderung. **Seite 46**

Salzburger – Hochthron-Runde

Auf den Untersberg geht's nicht nur hoch hinauf, sondern auch tief hinein.
Seite 64

Rauher Kopf

Der frühe Vogel … ja, nur wer zeitig aufsteht, erblickt den sagenhaften Untersberg in so mystischem Licht. **Seite 70**

Kneifelspitze

Viel Watzmannblick nach geringer Aufstiegsmühe: Die Kneifelspitze ist ein Top-Angebot für Kurzentschlossene. **Seite 76**

Almbachklamm

Die Wanderung durch die romantische Klamm am Fuße des Untersbergs endet in Ettenberg vor einer barocken Wallfahrtskirche. **Seite 82**

Hoher Göll über Kehlsteinhaus

Viel Luft unter den Sohlen! Am Hohen Göll lockt eine Klettersteig-Tour vom Feinsten. **Seite 88**

Mordaualm – Moosenalm – Taubensee

Nicht erschrecken: Auf der Mordaualm geht's ganz friedlich zu, aber sie bietet eine Mordssicht hinüber zum Hochkalter. **Seite 94**

Rund um den Hintersee

Zauberhaft schön ist er schon, der Zauberwald am Hintersee bei Ramsau am Fuße des Hochkalters. **Seite 100**

Blaueishütte

Das Blaueis, Deutschlands nördlichster Gletscher, schmilzt dahin, aber die gleichnamige Hütte bleibt gemütlich wie eh und je.
Seite 106

Hochkalter über den Schönen Fleck

Im Grünen geht's los, doch bald muss Hand an den Fels gelegt werden: Die Hochkalter-Tour ist die schwierigste in diesem Buch. **Seite 112**

Hochalmscharte – Wimbachklamm

Reiz der Gegensätze: Das Wimbachtal ertrinkt im Schutt, während man weiter oben schier in der Schönheit der Bergwelt ertrinkt …
Seite 124

Zum Watzmannhaus

Audienz bei der berühmtesten Steinfamilie Deutschlands: Die Rundtour übers Watzmannhaus zählt zu den „Wander-Klassikern".
Seite 130

Über den Hirschbichl

Sind auch alle schwindelfrei? Sonst muss man die neue Hängebrücke im Klausbachtal eben mit Scheuklappen überqueren. **Seite 118**

Hocheck – Watzmann – Mittelspitze

Watzmann, Watzmann, Schicksalsberg … Mit dem Gassenhauer von Wolfgang Ambros lässt sich der Berchtesgadener Paradeberg leichter erklimmen. **Seite 136**

Malerwinkel-Rundweg

Ein berühmter See, ein berühmter Ort – und eine immer wieder schöne Rundwanderung am „bayerischen Fjord". **Seite 142**

Hohes Brett

Ein Brett als Aussichtsloge? Probiert es aus, am besten vom Jenner ausgehend übers gemütliche Carl-von-Stahl-Haus. **Seite 162**

Eiskapelle von St. Bartholomä

Andacht unter dem Gletscherschnee aus der riesigen Watzmann-Ostwand – dieses Ziel ist wirklich speziell. **Seite 168**

Grünstein

Berchtesgaden liebt nicht nur den Berg-, sondern auch den Bobsport – das wird auf dieser Tour rasch klar. **Seite 148**

Mooslahnerkopf

In der Stille erscheint der Königssee noch einmal so schön – aber erst nach einem ordentlichen Aufstieg. **Seite 154**

St. Bartolomä – Kärlingerhaus

Auf ins Steinerne Meer! Doch statt Schwimmflossen oder Taucherbrille sollte man gute Kondition dabeihaben. **Seite 174**

Viehkogel

Ist der Viehkogel nur ein „Kuhberg“? Nein, er erweist sich als die Panoramaspitze Nummer eins über dem Kärlingerhaus. **Seite 180**

Schneibstein – Seeleinsee

Das Hagengebirge gilt als das stillste der Kalkplateaus der Berchtesgadener Alpen. Das ist auch beim Wasserauge mit dem „doppelten“ Namen nicht anders. **Seite 186**

Hoch über dem Obersee

In diesem wildromantischen Kessel unter Deutschlands höchstem Wasserfall endet die hier beschriebene Rundtour. **Seite 192**

Auf das Halsköpfl

Nur von diesem Berg aus überblickt man den Königssee in seiner ganzen, langgestreckten Schönheit. **Seite 200**

Großer Hundstod

Nur in der Sage wurde dieser Berg Haustieren zum Verhängnis. Bergsteiger empfinden ihn eher als tierisch schön! **Seite 206**

Inzell
Piding
1
2
3
BAD
REICHENHALL
Weißbach
Bayerisch
Gmain
5
7
Untersberg
Müllnerberg
6
Marktschellenbe
Schneizlreuth
Lattengebirge
10
Schn
4
8
9
12
Bischofs-
wiesen
Obersa
Taubensee
Hochschwarzeck
BERCHTE
REITER ALPE
13
Hintersee
14
Au
Schönau
21
20
23
17
15
Königssee
18
16
22
Ofental
Steintal
19
27
Wimbachtal
Watzmann
24
Königssee
Hintertal
25
28
29
Simetsberg
30
26
STEINERNES

Gebietsübersicht

BERCHTESGADENER LAND

Deine 30 Touren im Berchtesgadener Land

Moderne Seilschaft

Es sind aufstrebende Fotografinnen und Fotografen, die dich gemeinsam mit versierten Bergsteigern an dein Ziel führen. Erfahrung und Tatendrang treffen sich mit der gemeinsamen Sehnsucht nach den beeindruckendsten Augenblicken im Berchtesgadener Land.

Michael Perschl

Sabrina von Bein

Michael Perschl wurde in Traunstein am Chiemsee geboren und lebt in Waging am See. Über seine erste Digicam kam er zur Spiegelreflex und damit zur professionellen Fotografie. Nach dem Fußball fand er im Bergsteigen eine neue Leidenschaft, die sich optimal mit der Fotografie kombinieren lässt. „Am spannendsten ist es für mich im Gebirge, wo man unterschiedlichste Naturschauspiele erlebt. Sein Tipp: „Neue Perspektiven probieren und aus der Hocke fotografieren, mit der Blende der Kamera spielen, Bildern mit unscharfem Vordergrund mehr Tiefe geben!"

Erfahrung zählt, Leidenschaft besteht

Sabrina von Bein ist gebürtige Oberbayerin und im schönen Landkreis Altötting zu Hause. Ihren Instagram-Namen „die_raubritterin" trägt Sabrina nicht ohne Grund, ihre Vorfahren waren tatsächlich Raubritter, das aber merkt man der sympathischen Oberbayerin nicht an. Seit der Kindheit ist sie von der Fotografie fasziniert und lichtet alles ab, was ihr vor die Linse kommt. Sie ist ein Bergmensch durch und durch, vor allem das Bayerische Meer – der Chiemsee – zählt zu ihren Lieblingsspots. Sie wandert zu den schönsten Berggipfeln und Aussichtspunkten, um dort mit Leidenschaft die besonderen Momente der Sonnenauf- und -untergänge fotografisch festzuhalten. „Viele meinen, man müsse weit reisen, um beeindruckende Landschaften zu sehen. Ich möchte mit meinen Fotografien den Menschen die Augen öffnen und ihnen die

Wolfgang Heitzmann

Schönheit unserer Natur daheim wieder näherbringen."

Schon seit 40 Jahren ist **Wolfgang Heitzmann** im Gebirge unterwegs. Als Tourismusberater war er in vielen europäischen Urlaubsregionen tätig, entwickelte überregionale Kulturprojekte und realisierte zahlreiche Themenwege. Durch sein Engagement für bedrohte Naturräume wurde er zum Mitbegründer des Nationalparks Kalkalpen in Oberösterreich. Heute lebt er in Tirol und arbeitet in der Verlagsbranche. Mit 80 eigenen Führern und Bildbänden über die Alpen, die Toskana und die Insel Mallorca zählt er zu den erfolgreichsten Outdoor-Autoren. „Unvergessliche Augenblicke habe ich viele erlebt – als Jugendführer des Alpenvereins, auf Gletschergipfeln und Vulkanen, in Schluchten und Karstwüsten, an verborgenen Stätten der Urgeschichte, bei meinen Alpenüberquerungen mit dem Mountainbike oder beim winterlichen Schneeschuh-Trekking ..."

Jeder Augenblick wird mit dem Highlight der Tour vorgestellt. Bei der Vorstellung steht neben dem Fotografen der jeweiligen Tour auch sein Kürzel unter dem man ihn auf Instagram findet, so zum Beispiel: **@die_raubritterin**

Weitere Fotos in diesem Buch stammen von **Thomas Kargl**, **Simon Laabmayer**, **Roman Huber**, **Maximilian Lehrke**, **Katharina Wildenhof** und **Roman Strasser**, **Tamara Putzhammer**, **Florian Wimmer** und **Melanie Haas**, **Jakob Lipp**, **René Langusch** und **Lennart Artinger**. Tourenbeschreibungen hat auch **Walter Theil** beigesteuert. Ihnen allen vielen herzlichen Dank!

Deine Verantwortung

KOMPASS will dir mit diesem Wanderführer die Schönheit und Einzigartigkeit der Natur vor Augen führen. Hierfür wurden ganz besondere Orte ausgewählt. Sie gewähren dir einen atemberaubenden Blick auf die einzigartige Komposition aus natürlichen Strukturen und Elementen der jeweiligen Landschaft. Manchmal ist für das Auffinden der perfekten Perspektive ein Extraschritt auf schmalem Steig oder in weglosem Gelände erforderlich. Gerade hier gilt es sich eigenverantwortlich und respektvoll gegenüber der Natur und den Mitmenschen zu verhalten. Die Umwelt zu schützen und den eigenen Fußabdruck minimal zu halten ist Ehrensache.

Einen Moment für die Ewigkeit festzuhalten ist nichts wert, wenn wir die Natur für die Ewigkeit zerstören.

Ehrensache

Respektiere die Berge, die Natur mit ihrer Schönheit und die Gefahren.

Am Berg zählt das Miteinander. Gegenseitige Hilfe und Gemeinschaft wiegen mehr als das perfekte Gipfelfoto.

Versuche mit öffentlichen Verkehrsmitteln oder mit dem Fahrrad anzureisen.

Gehe kein Risiko ein. Du willst deine Geschichten schließlich noch erzählen können.

Nimm mehr Müll mit, als du auf die Berge bringst. Beteilige dich am Schutz unserer Umwelt.

Hinterlasse keine Spuren. Das Ökosystem der Berge ist fragil und erholt sich nur langsam.

„Plastik, Dosen und Papier,
sind den Bergen keine Zier.
Trägst du sie voller bis hierher,
trägst du sie heimwärts auch nicht schwer.“

Deinen Augenblick festhalten

Fotografieren im Freien

Intention

Was will ich mit einem Bild ausdrücken oder festhalten? Zuerst sollte man sich überlegen, was man eigentlich als Ergebnis haben möchte. Danach sollte sich die Ausrüstung und der Bildaufbau richten. Es muss nicht gleich die komplette Profiausrüstung sein, um den Moment für die Ewigkeit einzufangen. Schon aus Gründen der Sicherheit sollte ein Handy mit am Berg sein. Die meisten Handykameras reichen für erste Fotoversuche vollkommen aus. Seit Bilder nicht erst aufwendig entwickelt werden müssen, kann man einfach drauflosschießen. Vor jedem Versuch sollte eine Überlegung und ein Bildkonzept stehen. Kennt man erst die Möglichkeiten und Grenzen seiner Kamera, sollte man an eine umfangreichere Ausrüstung denken. Denn jedes Objektiv, Stativ und jeder Filter hat auch sein Gewicht. Passend dazu gibt es auch einen Spruch, den man sich zu Herzen nehmen kann: „The best camera is the one that‘s with you“ – „Die beste Kamera ist die, die man dabei hat.“

Ausrüstung

Bei der Wahl der Ausrüstung muss sich jeder fragen, was er für ein Ergebnis erzielen will. Hier ein paar grundlegende Informationen: Ein Weitwinkel-Objektiv eignet sich gut für Panorama- und Landschaftsaufnahmen. Ein Objektiv mit einer klassischen Brennweite von 35 – 70 mm eignet sich, um Personen oder Ausschnitte einer Bergszene in den Vordergrund zu stellen. Die Grundregel für die Belichtungszeit ist mindestens die doppelte Brennweite. Wird der Wert unterschritten, kann ein Stativ hilfreich sein. Wenn man es etwas professioneller angehen möchte, sollte man sich auch Gedanken über die Bildbearbeitung machen. Eine Kamera, die im RAW-Format fotografieren kann, ist dann durchaus sinnvoll. In diesem Format werden nämlich deutlich mehr Bildinformationen gespeichert und dies ermöglicht eine feinere Bildbearbeitung mit der entsprechenden Software. Wichtig ist, dass du deine Ausrüstung kennst und beherrschst. Spiele mit den Einstellungen und Möglichkeiten deiner Kamera. Bevor du deine Ausrüstung für eine Tour packst, mach dir eine kleine Checkliste: Genügend Akku (Ersatzakku, Powerbank), genügend Speicherplatz (Ersatzkarten) und versichere dich, dass Akku und Speicherkarte auch wirklich in der Kamera sind.

Komposition und Bildaufbau

Neben dem gewählten Bildausschnitt und dem Motiv ist das Licht die alles entscheidende Komponente. Für ein gutes Foto heißt es zur richtigen Zeit am richtigen Ort zu sein. Bei vollem Sonnenschein ist mit Gegenlicht und harten Schatten zu rechnen. Wolken, Morgen- und Abendstimmungen eignen sich grundsätzlich besser. Plane deine Tour so, dass du trotzdem sicher zurückkommst und eventuell eine Stirnlampe dabei hast. Im Infokasten „Dein Moment für die Ewigkeit“ verraten wir Tipps und Tricks wie man Spannung in Bilder bekommt und der Moment perfekt festgehalten wird. Die Kamera zeigt dir den Aufnahmestandort und die Blickrichtung.

Dein Moment für die Ewigkeit

Dein Berchtesgadener Land

Landschaft, Geschichte, Infos

Es war ein Kloster, das zwischen 1102 und 1105 erstmals in einer Urkunde vermerkt wurde, und es trug einen seltsamen Namen: Berthercatmen. Kam dieser von einem Mann namens Perther, der einen Gaden, also einen umzäunten Wohnsitz, besaß? Oder steckt die sagenhafte Perchta aus der germanischen Mythologie dahinter? Das wird sich wohl nie klären lassen. Gewiss ist indessen, dass die kleine Siedlung am Fuße des 2713 Meter hohen und sagenumwobenen Watzmanns durch die Salzgewinnung rasch große Bedeutung erlangte, bis zum 18. Jahrhundert zu einem Bertholdsgaden mutierte und um die Mitte des 19. Jahrhunderts als Berchtesgaden auch zu einem wichtigen Tourismusort wurde. 1883 unternahm Ludwig Ganghofer mit seiner Familie einen Ausflug an den nahen Königssee, der ihm von „grandioser und heiligleuchtender Schönheit" erschien. Der berühmte bayerische Schriftsteller war nur einer in einer langen Reihe von kreativen Menschen, die den Ruhm des Berchtesgadener Landes in Schrift und Bild mehrten. Das hatte schon damals nicht nur positive Auswirkungen, und so bemühte sich der Verein zum Schutz und zur Pflege der Alpenpflanzen schon ab 1910 erfolgreich um die Ausweisung eines „Pflanzenschonbezirks" am Südufer des Königssees. Der wurde zum Vorläufer eines 1921 eingerichteten Naturschutzgebiets und des 1973 eröffneten Nationalparks Berchtesgaden. Mit der Schaffung dieses gut 200 Quadratkilometer großen Schutzgebiets waren auch die langjährigen Bestrebungen zum Bau einer Seilbahn auf den Watzmann endgültig vom Tisch. So blieben weite Bereiche der zauberhaften Berglandschaft zwischen dem Hochstaufen und dem Hochkönig bis heute naturnahe Kulturlandschaft oder überhaupt unberührtes Ödland – ein Schatz, der kaum hoch genug eingeschätzt werden kann.

> Herr, wen Du lieb hast, den lässest Du fallen in dieses Land.
>
> Ludwig Ganghofer (1855–1920)

Viel davon haben junge, aufstrebende Fotografinnen und Fotografen mit ihren Kameras festgehalten. Die schönsten dieser Bilder haben sie für dieses Buch beigesteuert. Viel Spaß beim Betrachten all dieser großen und kleinen Naturwunder – und natürlich beim Nachwandern!

Dein Augenblick

Tourenbeschreibungen

1 Blick ins Berchtesgadener Land

Der 1756 Meter hohe Zennokopf, der westliche Nachbargipfel des Hochstaufens, garantiert freie Sicht zu Watzmann & Co – jedenfalls dann, wenn sich die Wolken im Süden auflösen.

Bilder von: **René Langusch**
@renelangusch

Zennokopf – Zwiesel – Gamsknogel

Tourencharakter
Forstwege und Waldpfade am Anfang und Ende der Tour, problemlose Steige zum Zennokopf und Zwiesel, nur der Übergang zum Gamsknogel weist mehrere steile Felsstufen auf (Drahtseile, Eisengriffe).

Start und Ziel
Jochberg-Parkplatz (840 m) am Fuße des Hinterstaufen; Zufahrt von Weißbach an der Alpenstraße.

Schwierigkeit: leicht - **mittel** - schwer
Dauer: **5:00 h**
Länge: **9,6 km**
Aufstieg **1054 hm**
Abstieg **1054 hm**

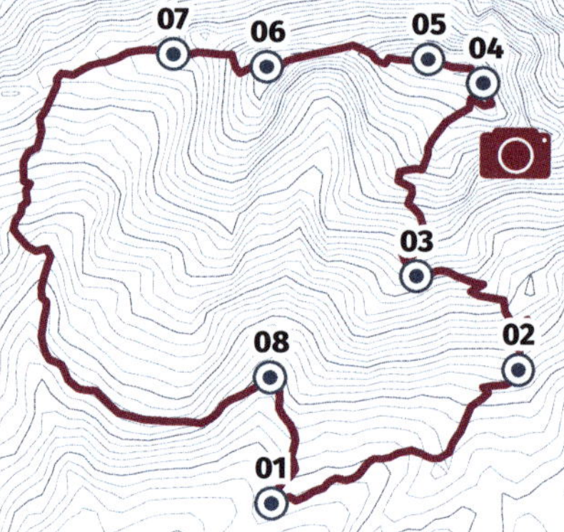

Höhenlinienmodell mit Streckenverlauf

Höhenprofil

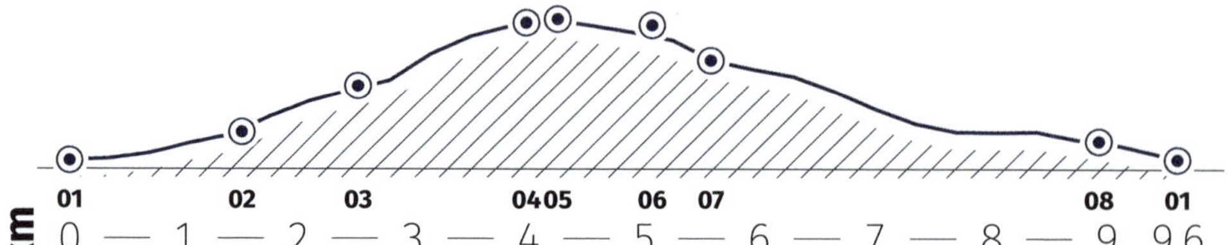

Alle Menschen werden die Wahrnehmungen machen, dass man auf hohen Bergen, wo die Luft rein und dünn ist, freier atmet und sich körperlich leichter und geistig heiterer fühlt.

Jean-Jacques Rousseau (1712–1778)

Von Weißbach führt ein ziemlich schmales und kurviges Sträßchen hoch nach Jochberg. Kurz hinter dem Ortsschild ist der Jochberg-Parkplatz ausgeschildert.

▶ Vom Wanderparkplatz Jochberg 01 auf der leicht ansteigenden Kiesstraße den Wald hinauf, in der ersten scharfen Linkskurve führt ein Abkürzungssteig über Holzstufen rechts ab, kurz darauf verlassen wir die Forststraße erneut links auf einem Holzstufensteig. Wir überqueren erneut die Forststraße und treffen wenig später bei einer Bank auf die Abzweigung links zum Mulisteig 02. Der breite, gut gestufte Weg bringt uns durch den schattigen Wald hoch zu einer Verzweigung, der wir nach links ins Freie folgen. Wenig später ist oben das Kaiser-Wilhelm-Haus zu sehen und wir erreichen kurz darauf die Verzweigung, die rechts zur Zwieselalm und zum Kaiser-Wilhelm-Haus 03 hinaufleitet. Hinter der Zwieselalm steigt der Pfad kehrenreich und teilweise ordentlich steil an (vereinzelt Holzleitern). Zunächst im Wald, dann durch Latschengestrüpp erreichen wir die Senke zwischen Zwiesel und Zennokopf. Nach dem kurzen Abstecher zum Zennokopf 04 traversieren wir hinüber zum Zwiesel 05. Über einen

zunächst flachen Bergpfad gehen wir am Grat entlang auf das schon sichtbare Gipfelkreuz des Gamsknogel zu. Wir passieren nach zwei kurzen felsigen Abstiegen (drahtseilgesichert) die Abzweigung rechts hinunter nach Adlgaß und steigen dann – wieder über eine drahtseilgesicherte Steilstufe – zum Gamsknogel-Gipfel **06** hoch.

Nach dem Gamsknogel geht es in engen, steilen und schottrigen Rinnen bergab, über Stufen und Leitern, bis wir grünes Wiesengelände und eine Wegverzweigung erreichen. Hier könnten wir als Alternativabstieg nach links den Weg zur Zwieselalm nehmen und dann auf dem Anstiegsweg zum Jochberg-Parkplatz zurückkehren. Wir bleiben aber geradeaus und treffen in einer Senke kurz darauf auf die Kohleralm **07**. Hinter dem Almgebäude führt ein schöner Pfad in den Wald hinein und zu einem Schild, das uns den Weg bergab nach Weißbach weist. Der felsige, teils schottrige Pfad führt trotz einiger Flachstellen und kleiner Gegenanstiege meist bergab, bis wir auf eine breite Forststraße treffen. Auf dieser wandern wir nach links, zwischenzeitlich leicht ansteigend, bis wir in einer ausgeprägten Rechtskurve (Schild: „Zur Staufenstube“) rechts in einen schmalen, leicht zu übersehenden Waldpfad **08** abbiegen.

Zunächst flach, dann stärker abfallend und geröllig geht es abwärts bis zu einer Forststraße und einem Marterl rechts des Weges. Nach wenigen Metern ist links der Jochberg-Parkplatz **01** erreicht.

Dein Moment für die Ewigkeit

Streiflicht

Auf dem Bild kommt das Licht von der Seite. Die Sonnenstrahlen überlagern die rechte Bildhälfte mit einem schönen Goldton. Das Licht kann aber auch als Streiflicht bezeichnet werden. So nennt man Licht, das Strukturen wie etwa die des Holzes oder der Hügel besonders hervorhebt. Streiflicht kann sowohl von oben als auch von der Seite kommen.

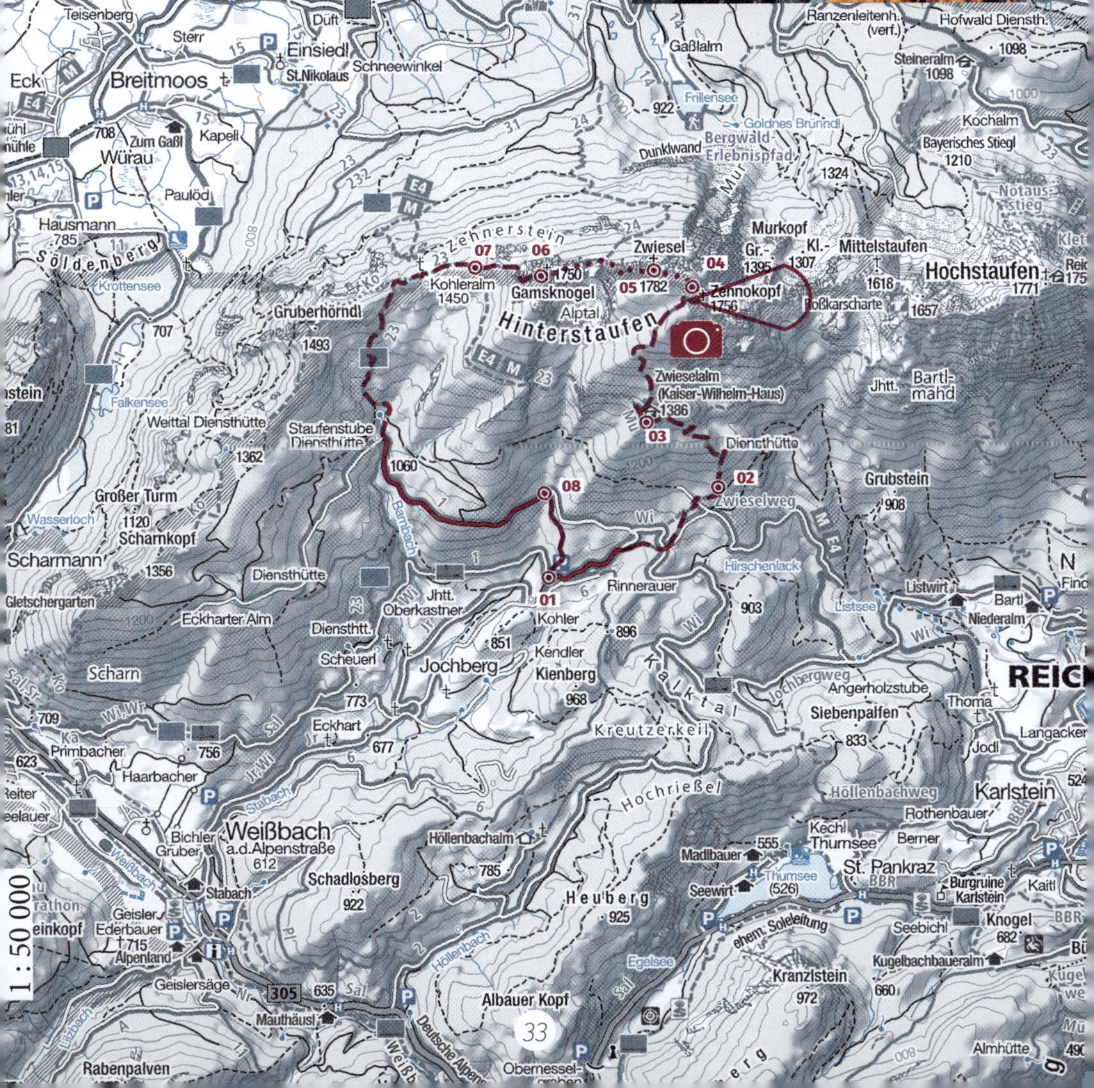

2 Verschleiertes Land

Stundenlang herrschte finstere Nacht, was den Anstieg auf den Hochstaufen nicht erleichtert hat. Doch nun beleuchtet die Sonne einen neuen Tag – und das Alpenvorland, das im Norden der Chiemgauer und Berchtesgadener Bergwelt noch unterm Nebel schlummert.

Bilder von: **Tamara Putzhammer @maaa.ra**

Hochstaufen

Tourencharakter
Der Weg über die Bartlmahd hat einige steilere, im oberen Bereich auch felsige, aber unschwierig zu begehende Stellen. Der Abstieg über die „Steinernen Jäger" sollte nur von Geübten wahrgenommen werden.

Start und Ziel
Bad Reichenhall, sehr kleiner Parkplatz unterhalb der Padinger Alm oder besser schon bei der Rupertus-Therme parken (470 m).

Schwierigkeit: leicht - **mittel** - schwer
Dauer: **7:30 h**
Länge: **13,3 km**
Aufstieg **1301 hm**
Abstieg **1301 hm**

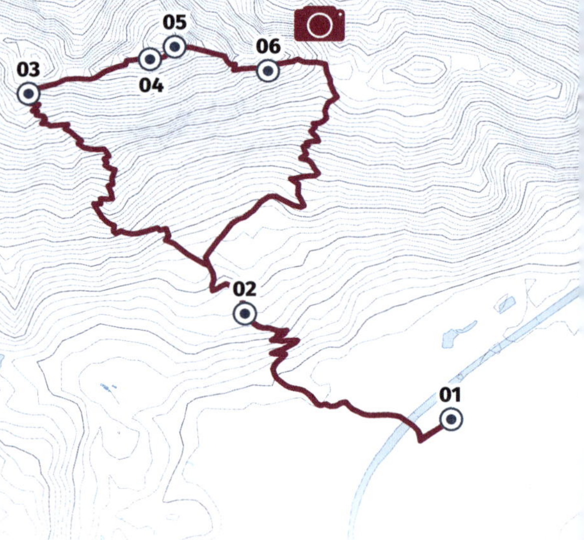

Höhenlinienmodell mit Streckenverlauf

Höhenprofil

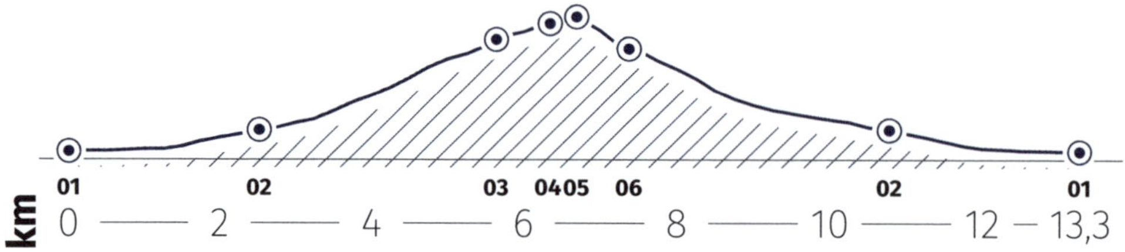

Der Hochstaufen-Südanstieg über die Bartlmahd weist mehrere Vorzüge auf. Zum einen ist es der leichteste Weg auf den Reichenhaller Hausberg, er ist relativ früh im Jahr schneefrei und begehbar, und der Startpunkt liegt höher als bei den anderen Ausgangspunkten.

▶ Vom Parkplatz bei der Rupertus-Therme in Bad Reichenhall **01** überqueren wir die Saalach und wandern – uns links haltend – durch Wald, kurz auf der Straße zu einem kleinen Parkplatz und auf einem Abkürzungspfad zur Padinger Alm **02** hinauf. Unterhalb davon geht's nach links (Wegweiser). Bei der ersten Weggabelung wiederum der linken Beschilderung folgen. Dem Waldpfad folgend erreicht man stetig steigend nach ungefähr 2 Stunden die ehemaligen (heute wieder aufgeforsteten) Wiesen und Weideflächen der Bartlmahd **03**. Bei der Weggabelung rechts halten (links führt die Markierung zur Zwieselalm) und auf dem felsigeren Steig steiler hochsteigen zum Verbindungsgrat zwischen Hoch- und Mittelstaufen. Der Weg verläuft am Grat entlang nach rechts auf gut markiertem und leicht begehbaren Pfad, stellenweise unterhalb der sich steil aufrichtenden Gratfelsen. In eher mäßiger Steigung quert man unterhalb des Gipfels zum Reichenhaller Haus **04** hinüber, zuletzt nochmals über stärker ansteigende Serpentinen. Von dort gelangt man in wenigen Schritten zum aussichtsreichen Hochstaufengipfel 05. Abstieg: Wer sich auf dem Rückweg etwas mehr zutraut und trittsicher ist, der kann – vorausgesetzt auch das Wetter ist entsprechend trocken denn bei Nässe ist dieser Abstieg deutlich schwieriger! – über die sogenannten „Steinernen Jäger" nach unten absteigen.

Der gut markierte Steig endet bei einem schönen Aussichtspunkt 06 rechts. Weiter links absteigend darf man ca. 10 Minuten später nicht die Abzweigung nach rechts (Schild Bad Reichenhall) übersehen, die in steilen Serpentinen durch den Wald hinabführt und uns wieder auf den Anstiegsweg zum Ausgangspunkt bei der Rupertus-Therme 01 zurückbringt.

Dein Moment für die Ewigkeit

Wetter checken

Nicht nur für die Sicherheit am Berg, auch für ein gelungenes Foto sollte man immer das Wetter checken und auf Besonderheiten achten. Nebel und Wolken erzeugten im richtigen Maß Dramatik. Eine Inversionswetterlage (Kaltluft im Tal) mit einer geschlossenen Wolkendecke erscheint von oben gerne wie ein Meer.

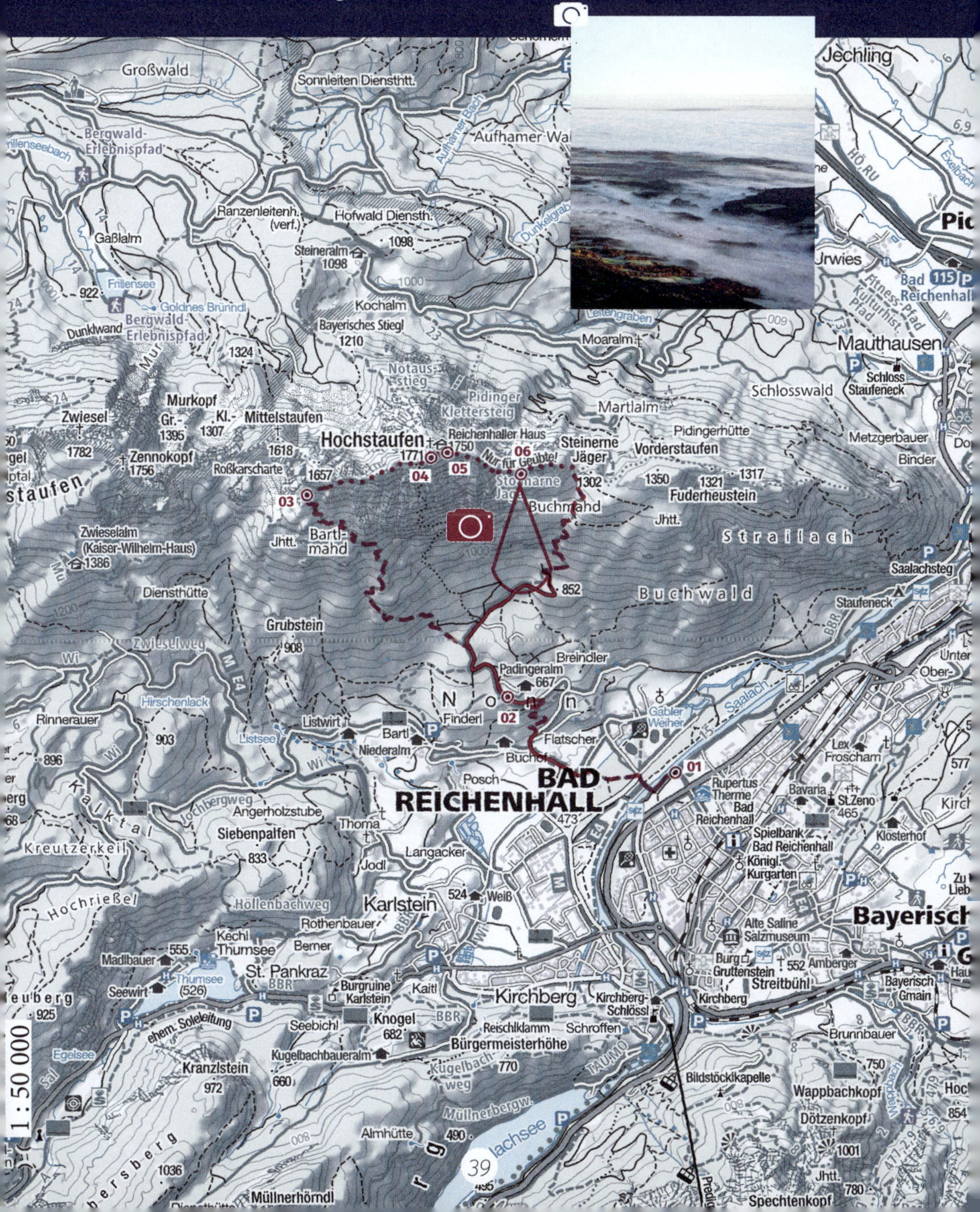

3 List und Leistungsvermögen

Wer seinem Körper Gutes tun möchte, sollte zum Listsee wandern, und zwar auf dem Gesundheitsweg. Das Ziel liegt am Fuße des Hochstaufens und schimmert wunderschön grün.

Bilder von: Thomas Kargl
@maxlsbilderbuch

Listsee

Tourencharakter
Asphaltierte Neben- und Zufahrtssträßchen am Anfang und Ende der Rundtour, dazwischen Forstwege und Waldpfade, kurzer steilerer und kehrenreicher Abschnitt beim Abstieg zum Listsee.

Start und Ziel
Bad Reichenhall, Ortsteil Karlstein, Parkplatz neben der Freiwilligen Feuerwehr (475 m), beim Schild „Haus des Gastes, Sporthalle“, direkt an der B 21.

Schwierigkeit: **leicht** - mittel - schwer
Dauer: **3:30 h**
Länge: **8,6 km**
Aufstieg **280 hm**
Abstieg **280 hm**

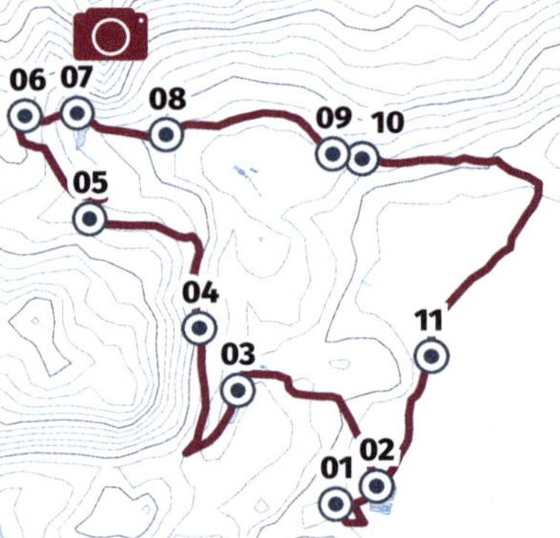

Höhenlinienmodell mit Streckenverlauf

Höhenprofil

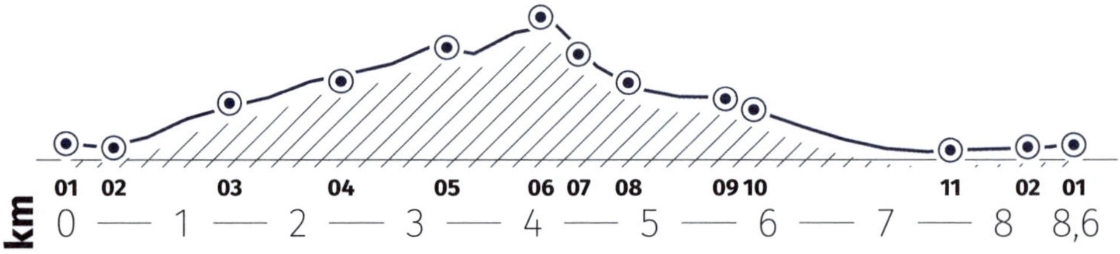

Blicke in die schöne Natur und beruhige dein Gemüt.

Ludwig van Beethoven (1770–1827)

Wenn am Hochstaufen, Zwiesel und Predigtstuhl noch Schnee liegt, bietet sich schon früh im Jahr eine relativ gemütliche Aussichtswanderung von Bad Reichenhall zum idyllisch gelegenen Listsee an.

▶ Vom Parkplatz Karlstein **01** gehen wir links entlang der St2101 und biegen nach wenigen Metern links in die Schmalschlägerstraße ein, passieren einen kleinen Parkplatz mit Wegetafel und schwenken nach dem Parkplatz rechts in die Stauferstraße. Wir folgen der ersten Abzweigung nach links in die Zwieselstraße **02** (über Seppenbauer). Schöner Ausblick zum Zwiesel und Hochstaufen. Vorbei an den Abzweigungen zur Pankrazkirche und zur Ruine Karlstein gehen wir auf dem asphaltierten Sträßchen geradeaus weiter in Richtung Listsee über Listanger, passieren Höfe und wandern über eine Kuppe in einem leichten Rechtsbogen abwärts zu einem Gebäude kurz vor der Bruckthalstraße. Vor dem Haus links verlassen wir den Asphalt und folgen der Markierung „Antonibergkapelle". Ein Feldweg führt uns über Wiesen zum Wald, rechts begleitet uns ein schmaler Bach. Zunächst flach, dann steigt der Weg im Wald an und wir stoßen auf einen kleinen versteckten See **03**. Am See entlang und ein Stück über das Seeende hinaus biegen wir bei einer Wegteilung scharf rechts ab und folgen der Markierung Richtung Listsee. Der ansteigende Weg verläuft zunächst recht aussichtslos durch den Wald, dann öffnet sich bei einem Marterl bei

der Abzweigung zum Jodlbauer 04 der Blick nach rechts und bietet eine schöne Aussicht zum Hochstaufen und hinüber zur Bergstation der Predigtstuhl-Seilbahn. Der Weg steigt dann wieder an, bei einer deutlichen Linkskehre halten wir uns rechts und nehmen den markierten Weg Richtung Listsee. Wir überqueren eine Kuppe, bleiben bei einer Wegkreuzung geradeaus auf dem nun leicht abfallenden Weg, der uns zur gekiesten Jochstraße bringt. Links plätschert ein Brunnen, wir überqueren den Forstfahrweg und gehen links an der Listangerhütte 05 (mit Markierungstafel) vorbei auf einem unmarkierten Weg in den Wald hinein. Es wird spürbar steiler, stellenweise ist es schottrig, und bei einer lichten Wegkreuzug biegen wir scharf rechts ab (und folgen direkt unter Hochspannungsleitungen der Markierung zum Listsee). Der Weg verengt sich schnell zu einem Pfad 06, der über enge Kehren und viele Stufen durch den Waldhang bergabführt, mit schönem Ausblick hinab nach Bad Reichenhall und hinüber zu Untersberg und Predigtstuhl. Bei einem Pumphäuschen wird es flacher und kurz darauf erreichen wir den idyllisch gelegenen Listsee 07. Auf breitem Forstweg links am See vorbei und leicht abwärts gelangen wir kurz nach dem Waldende auf Asphalt und zu den Gebäuden beim Listwirt 08. Wir wandern auf der Listseestraße aussichtsreich hinab, vorbei an der Abzweigung zum Gasthof Niederalm 09 und dem Hotel-Café Neu-Meran 10 und schwenken kurz nach dem Buchhof in einer Rechtskehre in Richtung Karlstein. Auf dem straßenbegleitenden Gehweg stoßen wir auf Häuser und eine Brücke, biegen aber kurz vorher rechts ab (St. Pankraz über Karlstein).

Über ein Brücklein folgen wir dem Schönauer Weg 11 zwischen Weiden und Wiesen, links begleitet uns der Seebach. Über die folgende Wegkreuzung hinüber wandern wir auf der Stauferstraße durch die Häuser weiter zur Zwieselstraße 02 und auf dem Hinweg zum Ausgangspunkt 01 zurück.

Dein Moment für die Ewigkeit

Natürlich schön

Die türkisen Farben des Wassers wirken wie aus einem Karibikprospekt. Wenn uns die Natur schon spektakuläre Farben schenkt, sollten wir es dabei belassen. Diese unnatürlich wirkende Farbe fasziniert uns, das sollte uns aber nicht dazu verleiten, mit der Sättigung oder anderen Filtern noch zu verstärken

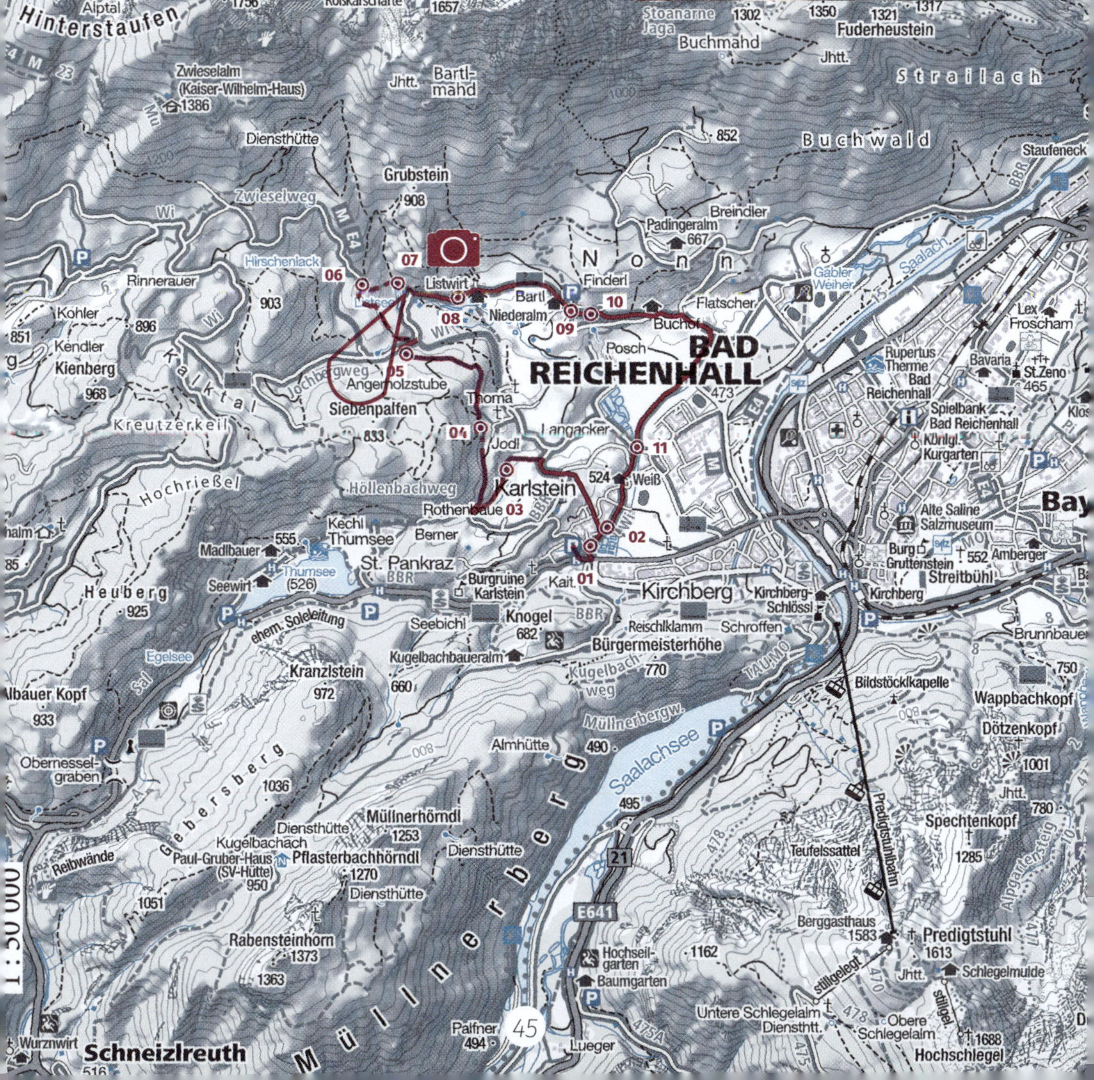

4 Auf dem Holzweg

Einst schwemmte man das Holz der Bäume, die unterhalb der Reiter Alpe geschlägert worden waren, mit der Kraft des Wassers nach Reichenhall. Wie das funktionierte, sieht man noch heute in der Aschauer Klamm.

Bilder von: **Florian Wimmer & Melanie Haas @mountainsides_**

Aschauer Klamm

Tourencharakter
Gut angelegte Pfade und Wege mit vielen Zugangsmöglichkeiten zum Wasser.

Start und Ziel
Schneizlreuth/Oberjettenberg (600 m), am Militärbereich vorbei, nach der Straßenschlaufe rechts weiterfahren, bis links eine kleine Holzhütte auftaucht, Parkmöglichkeit.

Schwierigkeit: **leicht** - mittel - schwer
Dauer: **4:00 h**
Länge: **9,4 km**
Aufstieg **340 hm**
Abstieg **340 hm**

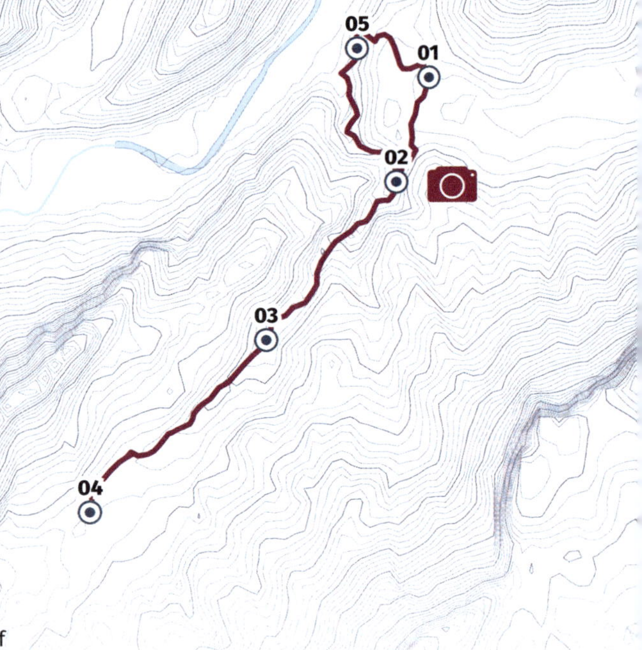

Höhenlinienmodell mit Streckenverlauf

Höhenprofil

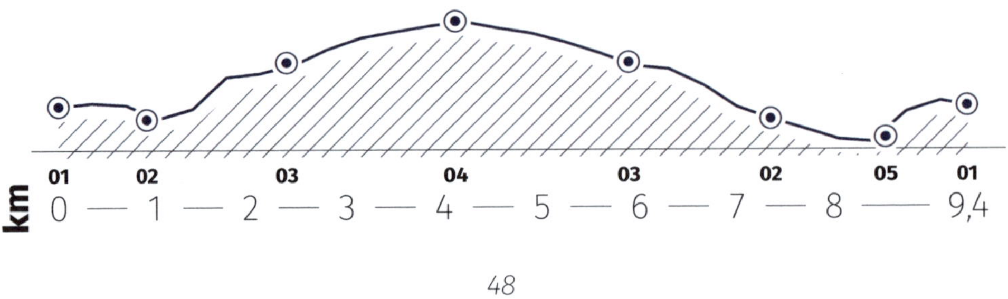

Neben den Bergseen sind Klammen in vielen Gebirgsregionen eine besondere Attraktion, und natürlich hat auch das Berchtesgadener Land eine Vielzahl aufzuweisen. Neben den bekannteren Namen der Wimbachklamm und der Almbachklamm gibt es eine weitere leicht zu begehende und daher auch für Kinder geeignete Klammwanderung. Diese verläuft entlang des Aschauer Baches, auf dem in früheren Zeiten, als der Salzbergbau noch einen erheblichen Holzbedarf hatte, diese Hölzer transportiert wurden.

Ausgangspunkt dieser netten Wasserwegwanderung ist Oberjettenberg **01**. An der kleinen Holzhütte vorbei führt ein beschilderter Weg (Richtung Aschauer Klamm) in den Wald hinein, kurz darauf zweigt rechts ein kleiner Pfad ab, der uns relativ steil auf schmalen Serpentinen direkt zum Wasser hinabführt (beim Schild Wasserspaß 11) **02**. Zuerst auf einer flacheren Passage am Wasserlauf entlang, dann etwas steiler hinauf, an manchen Stellen hängt ein Drahtseil. Man überquert stabile Brücken, hat immer wieder Zugang zum Wasser und bekommt an etlichen Stellen, wo die Felswände näher rücken, ein richtiges Klammgefühl. Nach der letzten Brücke wird der Bachlauf gemächlicher, wir steigen jenseits der Brücke nochmals kurz steil an und wandern dann auf einem fast ebenen Weg, bis auf der lin-

Wer historische Wanderwege liebt, ist auf dem Soleleitungsweg genau richtig, auf den vor mehr als 400 Jahren die „ältesten Pipeline der Welt", die Soleleitung von Reichenhall nach Traunstein, verlegt wurde.

schneizlreuth.de

ken Seite die Aschauer Klause 03 auftaucht (stabiles Holzhaus mit offenem Raum, mit Sitzbänken und Feuerstelle). Der schattige Weiterweg führt nun gemütlich zur Landesgrenze und trifft kurz darauf auf den Fahrweg nach Reith/Unken 04 (3,8 km).

Rückkehr wie auf dem Anstiegsweg, aber beim Schild Wasserspaß 11 02 folgen wir nach links weiter dem Bachlauf, der uns relativ eben und über einige Brücken zum Eingang der Klamm und zum einladenden Haiderhof 05 bringt. Kurz vor dem Gasthof zweigt unser Rückweg rechts ansteigend ab, führt in den Wald hoch und den Markierungen folgend erreichen wir wieder die kleine Holzhütte und unseren Ausgangspunkt 01.

Dein Moment für die Ewigkeit

Schärfe und Unschärfe

Mit dem Fokus und der Blende steuert man die Schärfe eines Bildes. Auf dem Bild ist der Bereich nahe dem Objektiv unscharf gestellt. Das Hauptmotiv ist gestochen scharf. Ein Bild ohne scharfen Bereich ist fast immer zu vergessen. Im Zweifel sollte man die Schärfe am Display noch vor Ort kontrollieren.

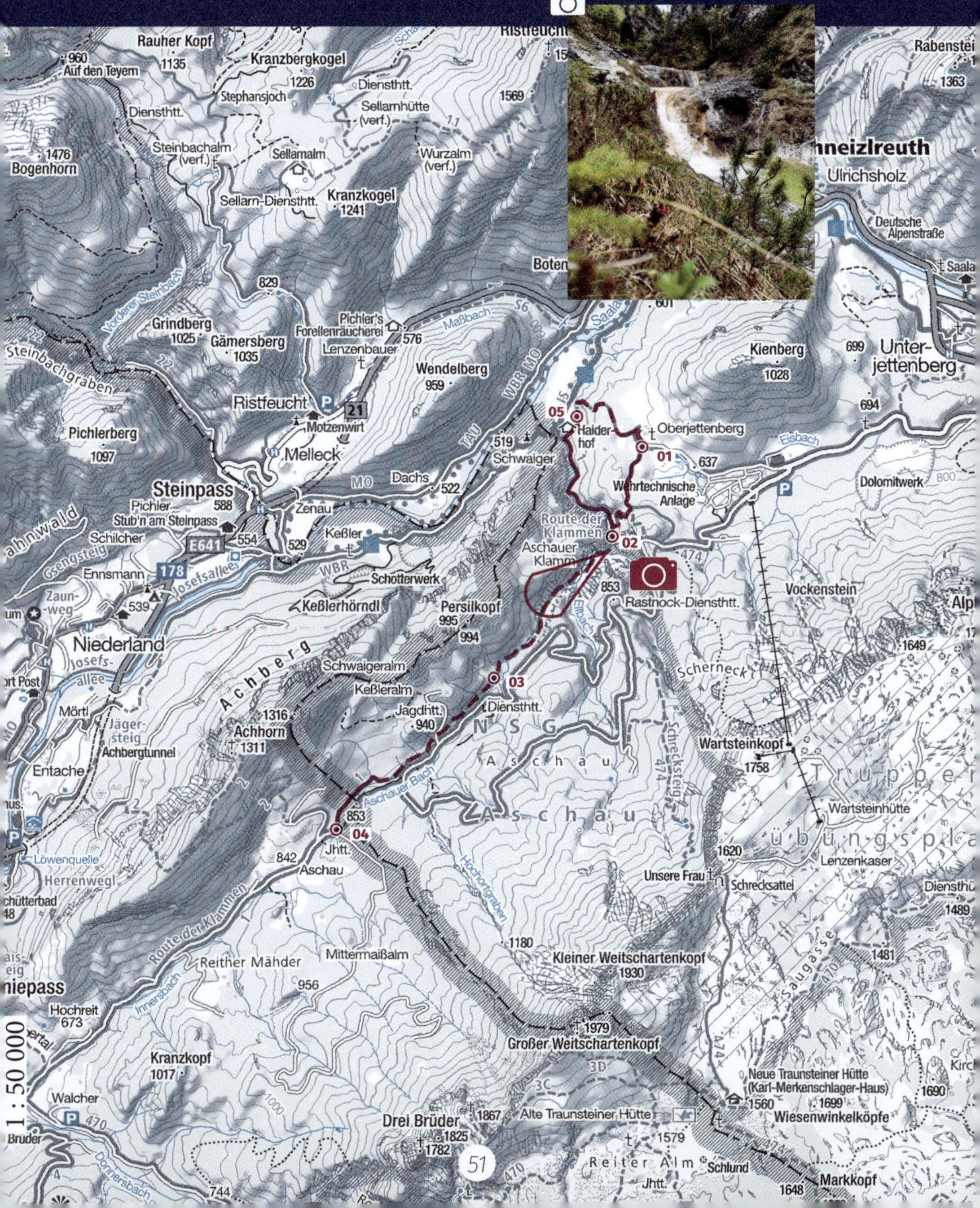

5 Böhmen im Blick

So sanft gewellt wie das Land um Bad Reichenhall und Salzburg, das sich unter dem Dötzenkopf ausbreitet, ist der Gipfel selbst nicht. Er gehört zum Lattengebirge und damit zu den Berchtesgadener Alpen. Kaum zu glauben, dass man von dort manchmal sogar den 150 Kilometer entfernten Böhmerwald sieht.

Bilder von: **Michael Perschl**
@perschl_miche

Auf den Dötzenkopf 1001 m

Tourencharakter
Bergwanderung auf einem gut angelegten und teilweise mit Stahlseilen gesicherten Steig über etliche Holzleitern und Brücken. Wegen einiger steilerer Waldpassagen bei Nässe nicht zu empfehlen.

Start und Ziel
Bad Reichenhall, 473 m; Parkplatz Festplatz/Gasthaus Schießstätte im Süden der Stadt.

Schwierigkeit: leicht - **mittel** - schwer
Dauer: **2:45 h**
Länge: **6,8 km**
Aufstieg **656 hm**
Abstieg **656 hm**

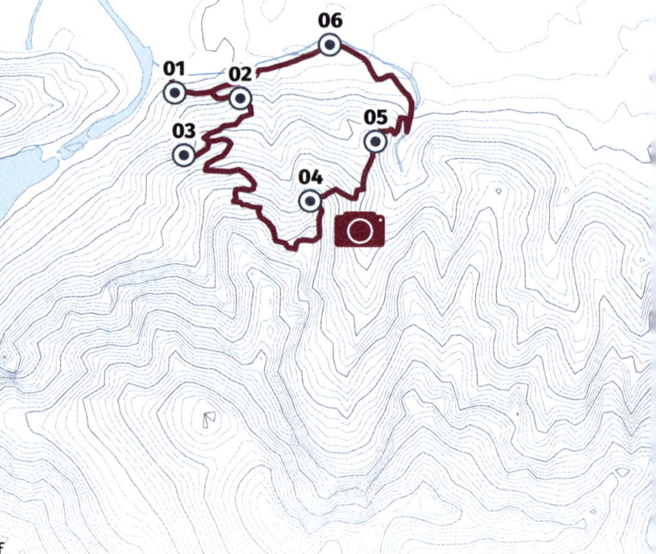

Höhenlinienmodell mit Streckenverlauf

Höhenprofil

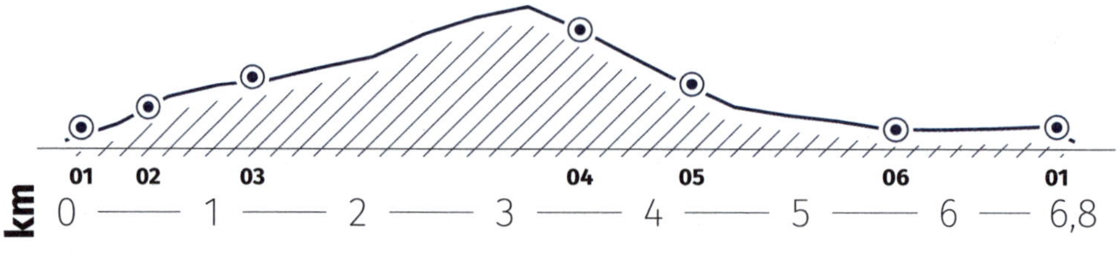

Wie komme ich am besten den Berg hinan?
Steig nur hinauf und denk nicht dran!

Friedrich Nietzsche (1844–1900)

▶ Wir folgen am Festplatz beim Gasthaus Schießstätte 01 der Beschilderung „Dötzenkopf". Ein breiter Kiesweg führt schattig am Waldrand hoch und bringt uns zum Aussichtspunkt Stadtkanzel 02. Ein paar Meter weiter passieren wir die Wegverzweigung, die links zum Wanderzentrum Bayrisch Gmain ausgeschildert ist (unserem späteren Rückweg). Wir steigen weiter rechts hoch, teils über steilere Kehren, bis wir nach einer Rechtsquerung und einem großen Linksbogen über einen schattigen Waldpfad zu der kleinen Bildstöcklkapelle 03 gelangen. Schöne Aussicht zum Staufen hinüber.

Kurz zurück zur Verzweigung und weiter Richtung Türmereck, das wir über teils steilere Kehren (Eisengeländer) und eine Rechtstraverse auf schmalem Pfad erreichen. Blick hinauf zur Bergstation der Predigtstuhlbahn und hinunter zum Saalachsee.

Oberhalb der Aussichtsstelle folgen wir dem Pfad und wandern meist der Hangkante entlang mit Tiefblick nach Bad Reichenhall. Wir queren felsige Rinnen, wo der Weg durch Hangrutsche teils etwas abschüssig, aber mit Eisenbrücken und Drahtseilen ausreichend gesichert ist. Einen Felssporn umgehend sehen wir dann den Dötzen-

kopf links vorne. Nachdem wir eine Rinne gequert haben, sehen wir von einem Aussichtspunkt, wie sich der Weiterweg elegant hinüber zum Dötzenkopf 04 schlängelt.

Der Abstieg verläuft zunächst sehr steil und kehrenreich über wurzelige Stufen und Felsabsätze, bis bei einer Flachpassage links hoch die kleine Hochfläche des Wappachkopfs 05 markiert ist. Es geht weiter bergab und nach einem großen Linksbogen erreichen wir das Waldende. Wir stoßen auf Asphalt und eine Verzweigung, die rechts zum Wanderzentrum und links zum Dötzenkopf weist. Über den Schanzenweg und den Wappachweg 06 gehen wir am Bach entlang Richtung Bad Reichenhall und nehmen kurz nach einer Holzbrücke die Abzweigung links zum Bildstöckl. Bei der Stadtkanzel treffen wir wieder auf den Anstiegsweg und steigen ab zum Ausgangspunkt 01.

Dein Moment für die Ewigkeit

Bleib stabil

Wer nach Stabilität sucht, sollte sich merken: Grundsätzlich gilt der doppelte Brennweitenwert für die Belichtungszeit als Garant gegen verwackelte Bilder. Beispielsweise bei einer Brennweite von 50 mm sollte man mit mindestens 1/100 belichten. Wer kein Risiko eingehen will, nimmt gleich ein kleines Stativ mit.

6 Die Steinerne Agnes

Um sich dem lüsternen Höllenfürsten zu entziehen, soll hier eine Sennerin sogar zu Stein geworden sein. Vorsicht also im Lattengebirge, meine Damen!

Bilder von: **Michael Perschl**
@perschl_miche

Steinerne Agnes

Tourencharakter
Etappenweise steilere Wald- und Bergpfade, die etwas Trittsicherheit verlangen, im letzten Abstiegsteil schöner Wanderweg.

Start und Ziel
Hallthurm (693 m), Parkplatz an der B 20 beim Bahnübergang.

Schwierigkeit: leicht - **mittel** - schwer
Dauer: **4:45 h**
Länge: **10,00 km**
Aufstieg **607 hm**
Abstieg **607 hm**

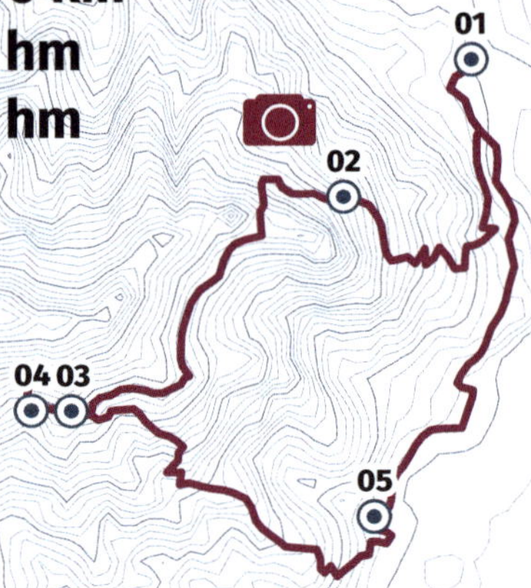

Höhenlinienmodell mit Streckenverlauf

Höhenprofil

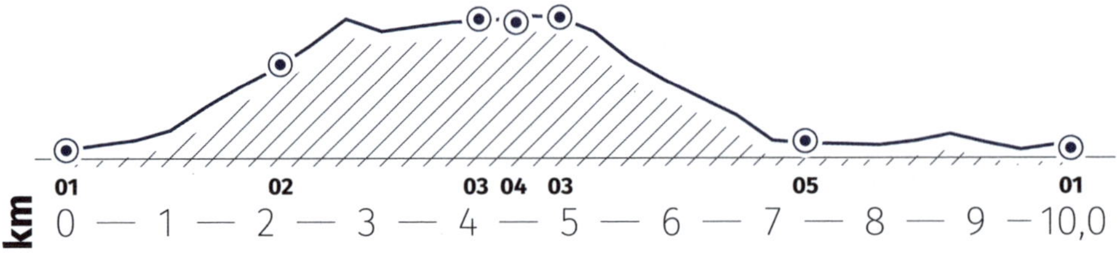

Ganz oben zu sein, die Schwierigkeiten überwunden zu haben, ohne Angst, als eine gemeinsame Leistung - das ist das beste Gefühl überhaupt

Ines Papert (*1974), deutsche Sportkletterin und Eiskletterweltmeisterin

Die Steinere Agnes ist ein sehr beliebtes Wanderziel in den Berchtesgadener Bergen, aber doch weit genug von der Bergstation der Predigtstuhlbahn entfernt, um auch dem Fußaufstieg an der Ostseite eine Chance zu geben.

An der Straße von Hallthurm 01 nach Berchtesgaden zweigt kurz hinter dem Bahnhof rechts der Steig ab (Infotafel „Steinere Agnes“), der uns ziemlich steil durch schattigen Wald in Serpentinen zum Rotofensattel 02 bringt. Nun kurz abwärts und dann fast eben den St.-Agnes-Schildern weiter folgen bis wir zu einer Verzweigung 03 (Richtung Bhf. Winkl, St.-Agnes-Rundweg) gelangen. Diesen Weg werden wir dann als Abstiegsweg nehmen. Nur wenig später sehen wir rechts oben die markante Erscheinung der Steinernen Agnes 04. Wie ein überdimensionaler Pilz steht sie am Wegesrand und lädt zum Kraxeln ein. Allerdings sollten Kletterunerfahrene unbedingt darauf verzichten! Abstieg: Kurz nach der Steinernen Agnes halten wir uns rechts und folgen der vorhin erwähnten Verzweigung 03 Richtung Winkl. Eine Stunde später kreuzen wir eine breite Forststraße und nach weiteren 10 Minuten stoßen wir auf den Bischofswiesener Panoramaweg 05. Wir folgen diesem breiten Weg und der Beschilderung „Parkplatz Steinerne Agnes“ nach links. Über eine Brücke und weiter auf dem Panoramaweg gelangen wir auf unseren Anstiegsweg zurück 01.

Dein Moment für die Ewigkeit

Drittelung

Für einen guten Bildschnitt gibt es viel Lektüre. Je nachdem was man zeigen will, bietet sich die Positionierung des Horizontes bei ⅓ oder bei ⅔ des Bildes an. Hier nimmt der Himmel den kleineren Bildteil ein – das Hauptaugenmerk liegt auf der tollen Aussicht.

7 Inside Untersberg

Gleich zu zwei Höhlen führt uns diese Tour. Eine ist voll Eis, in der anderen soll man manchmal Karl dem Großen begegen.

Bilder von: **Thomas Kargl**
@maxlsbilderbuch

Salzburger-Hochthron-Runde

Tourencharakter
Der teilweise in den Fels gehauene Dopplersteig ist stellenweise steil und ausgesetzt, aber gut gesichert (mit etlichen Holztreppen), der Übergang vom Schellenberger Sattel zur Toni-Lenz-Hütte weist einige Felsstufen auf, die mit Eisenringen und Tritthilfen versehen sind.

Start und Ziel
Grödig/Glanegg (461 m), Parken in der Rosittenstraße.

Schwierigkeit: leicht - mittel - **schwer**
Dauer: **8:00 h**
Länge: **12,4 km**
Aufstieg **1502 hm**
Abstieg **1502 hm**

Höhenlinienmodell mit Streckenverlauf

Höhenprofil

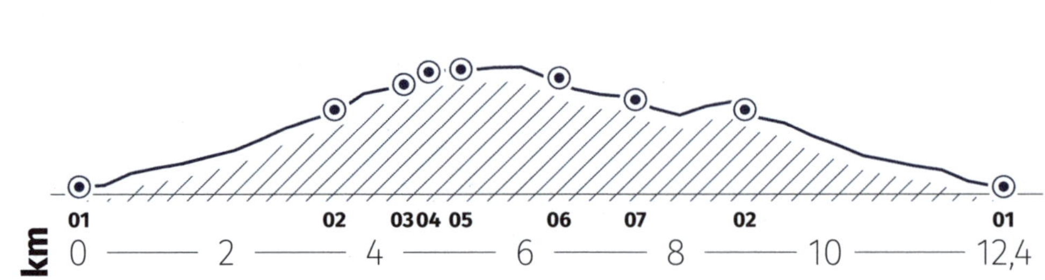

Dieser Kraftberg mahnt und heilt.

Titel in den Salzburger Nachrichten vom 20.08.2020 (sn.at)

Auch wer direkt von der Bergstation des Geierecks aus startet, lernt den interessantesten Teil des Dopplersteiges kennen.

▶ Vom Parkplatz 01 über die Brücke und am Bach entlang dem Schild Dopplersteig folgen. Allmählich steiler ansteigend erreicht man die beschilderte Obere Rositte 02 auf 1320 m. Der Rundweg lässt sich nun in beide Richtungen begehen; wir halten uns rechts direkt auf die Felsen zu und steigen auf in den Fels gehauenen Stufen und über viele Holztreppen an der Wand entlang nach oben. An den entscheidenden Stellen sind am Dopplersteig ausreichend Drahtseilsicherungen angebracht. Nach dieser anstrengenden Steilstufe erreicht man eine fast ebene Hochfläche mit dem Taxamer Kreuz (1560 m). Ein paar Schritte entfernt stößt von rechts der Reitsteig auf unseren Weg. Eine Viertelstunde später hat man das Zeppezauerhaus 03 und die erste Raststätte erreicht. Nach kurzem steilen Aufstieg zur Bergstation 04 der Untersbergbahn genießt man den Tief- und Weitblick vom Geiereckgipfel aus. Der Weiterweg hinüber zum Salzburger Hochthron 05 ist unproblematisch. Auf zuerst felsigem Steig, dann über geröllige Serpentinen steigen wir nach Süden zur Mittagsscharte 06 ab. Hier beginnt der interessante Thomas-Eder-Steig, der über steile Leitern, teilweise im Berginnern, nach unten führt, an den Felsen entlang verläuft und unterhalb des Sammelplatzes der Eishöhlenbesucher endet. 15 Minuten später kann man es sich in der Toni-Lenz-Hütte 07 gut gehen lassen. Wenig unterhalb der Hütte weist uns ein Schild nach links zum Schellenberger Sattel.

Bis wir diesen erreicht haben, müssen wir über einige steilere Felsstufen absteigen (Eisenringe, Drahtseile), Hänge und Bäche unterhalb der Seilbahn queren und auf der anderen Seite wieder ansteigen, bis wir kurz hinter dem Schellenberger Sattel erneut absteigen. Bald ist die Obere Rositte 02 und das Ende unserer Rundtour und der Abstiegsweg nach Glanegg 01 erreicht.

Dein Moment für die Ewigkeit

Höhlen erforschen

Der Untersberg ist Teil des Kalkstockes der Berchtesgadener Alpen. In das Kalkgestein haben sich über hundert Höhlen gefressen. Höhlen stellen eine besondere Gefahr dar. Man sollte sie nur in Begleitung von kundigen Personen oder in Form von geführten Gruppen betreten.

8 Rauher Kopf, glatte Wand

Der südlichste Gipfel des Untersberg-Massivs bietet eine prachtvolle Sicht zu den Felsabbrüchen des Berchtesgadener Hochthrons – besonders dann, wenn sie im ersten Licht des neuen Tages aufleuchten.

Bilder von: **Michael Perschl**
@perschl_miche

Rauher Kopf

Tourencharakter
Anfangs steiler Kiesweg, dann steiler kehrenreicher Waldpfad, zuletzt felsiger Steig mit kurzer Drahtseilstelle.

Start und Ziel
Bischofswiesen, Gasthaus Kastensteiner Wand; Parkplätze am Ende der Kastensteiner Straße (760 m).

Schwierigkeit: leicht - **mittel** - schwer
Dauer: **4:15 h**
Länge: **6,4 km**
Aufstieg **920 hm**
Abstieg **920 hm**

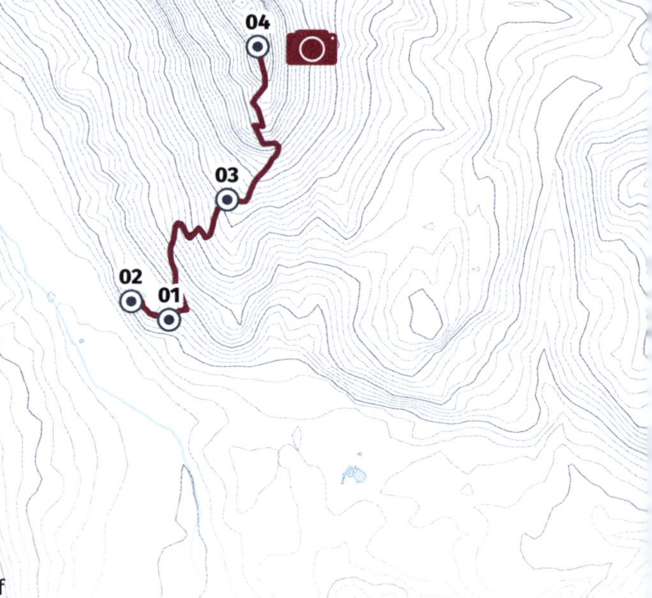

Höhenlinienmodell mit Streckenverlauf

Höhenprofil

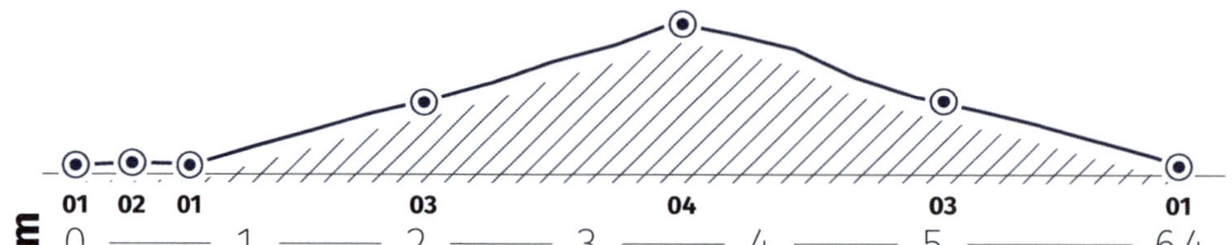

Der schöne, geländergesicherte Aussichtspunkt an der Kastensteiner Wand ist nur ein paar Meter vom Startpunkt entfernt und kann am Anfang oder am Ende der Tour in wenigen Minuten besucht werden.

▶ Vom Parkplatz unterhalb des Gasthauses Kastensteinerwandalm **01** machen wir zuerst einen kurzen Abstecher zum Aussichtspunkt Kastensteiner Wand **02**. Der Weg führt links am Gasthaus vorbei und über ein paar Stufen hinauf, dann ein paar Meter bergab zur geländergesicherten Aussicht. Wieder zurück gehen wir ein Stück auf der Asphaltstraße bergab, biegen bei einem Haus und der Straßenverzweigung links ab und schwenken dann sofort rechts auf den markierten Weg 467a in Richtung Blaues Kastl/Rauher Kopf. Dem sehr steil ansteigenden Kiesweg folgen wir, bis rechts ein markierter Pfad abzweigt. Der wurzelige Pfad schlängelt sich in Kehren und

langen Diagonalen weiter steil ansteigend den Waldhang hoch und bringt uns zu einer Kiesforststraße, der wir ein paar Meter weiter ansteigend nach links folgen. Wenige Minuten später erreichen wir eine Sitzbank, einen Brunnen und das Blaue Kastl 03, das mit Marienbilder ausgestattet ist. Wir halten uns rechts, überqueren ein paar Holzbohlen und steigen auf einem wurzeligen Pfad weiter durch den Wald hoch. Bei einer Pfadverzweigung halten wir uns links (Nr. 467) und gelangen nach etlichen Kehren, mit teils hohen Trittstufen, auf ein kurzes flacheres Stück, bis der Weg wieder ansteigt. Es folgt ein weiterer flacherer Absatz, von wo aus sich ein erster Blick zum felsigen Gipfelkopf eröffnet. Nach weiteren steilen Kehren sind bald die ersten Felswände erreicht, der Blick wird freier und wir traversieren nach links unterhalb der Felswände relativ flach am steilen Waldhang entlang. Nach einem Rechtsschwenk ist oben kurz die GATE-Sendestation zu erkennen, dann folgt eine steile und felsige Passage, die zu einem Sattel führt. Wir schwenken nach links weiter über Felsstufen ansteigend – mit einer kurzen Drahtseilstrecke –, dann erreichen wir eine Art Vorgipfel mit der temporären GATE-Sendestation. Kurz hinab zu einer Senke und nochmals über Felsen hinauf zum sichtbaren Hauptgipfel des Rauhen Kopfs 04, mit fantastischer Rundumsicht.

Vor allem der Untersberg präsentiert sich eindrucksvoll. Der Rückweg erfolgt auf dem Hinweg; vor allem im oberen, felsigen Teil ist auch im Abstieg Vorsicht angebracht.

Dein Moment für die Ewigkeit

Schattenspiele

Nicht nur das Licht, auch Schatten kann man bewusst einsetzen. Durch das Wechselspiel zwischen Schattenwurf und Licht lassen sich Gesteinsstrukturen besonders schön betonen. Das geht am besten bei flach einfallendem Licht von der Seite.

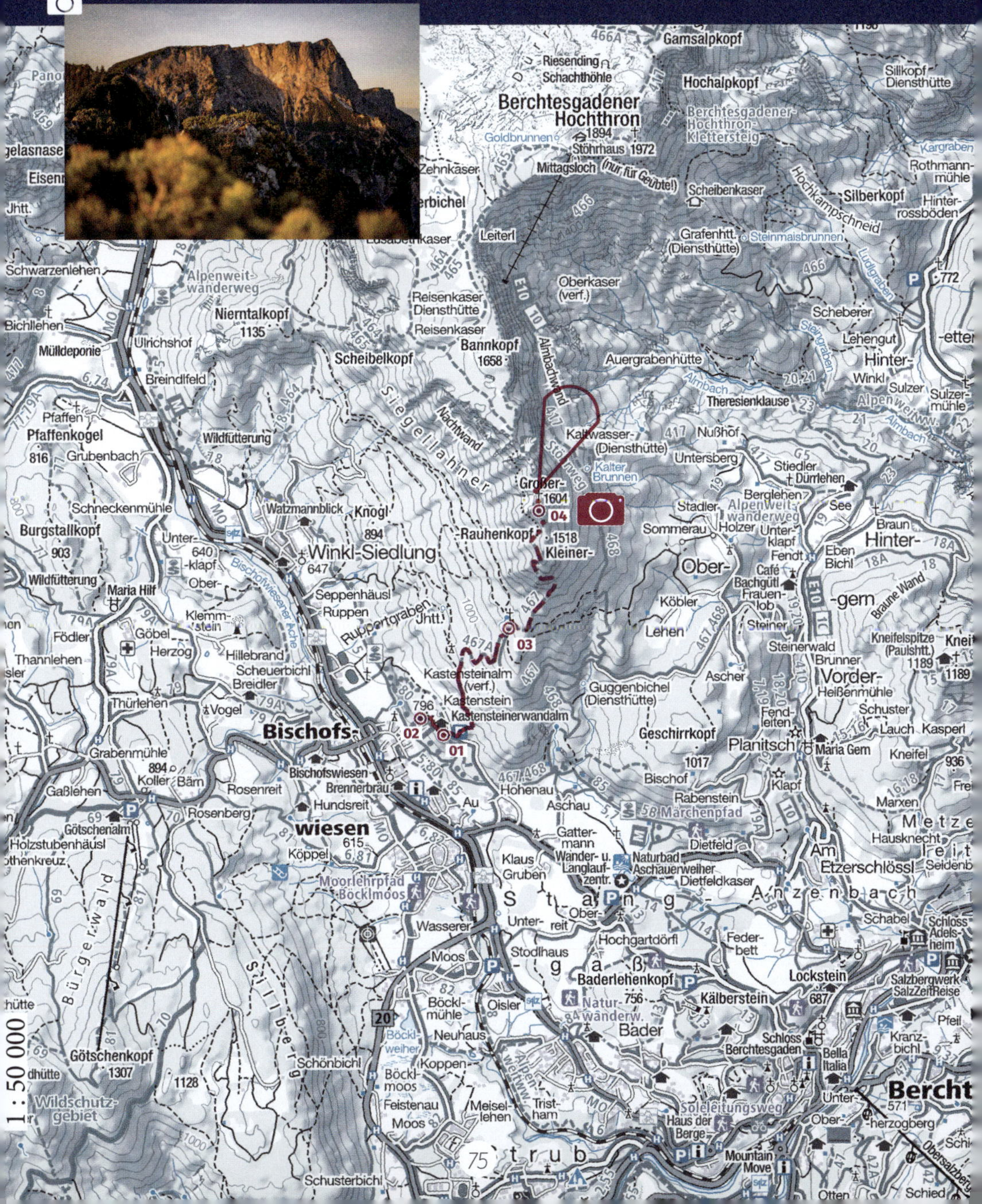

9 Sagenhafte Steinsippe

König Watzmann, links seine Frau und dazwischen ihre fünf Kinder – das ist die wohl bekannteste Familienaufstellung der Alpen. Wer dieses Schaustück der Berchtesgadener Alpen genauer betrachten möchte, sollte die Kneifelspitze erklimmen.

Bilder von: **Michael Perschl**
@perschl_miche

Kneifelspitze 1189 m

Tourencharakter
Bergwanderung auf teils etwas steileren, aber meist breiten Kiesforstwegen, im Abstieg nach Lauchlehen auch schmäler und kehrenreicher sowie Asphaltabschnitte auf verkehrsarmen Zufahrtssträßchen.

Start und Ziel
Wallfahrtskirche Maria Gern, 740 m, bei Berchtesgaden; Parkplätze unterhalb der Kirche.

Schwierigkeit: **leicht** - mittel - schwer
Dauer: **2:15 h**
Länge: **5,5 km**
Aufstieg **495 hm**
Abstieg **495 hm**

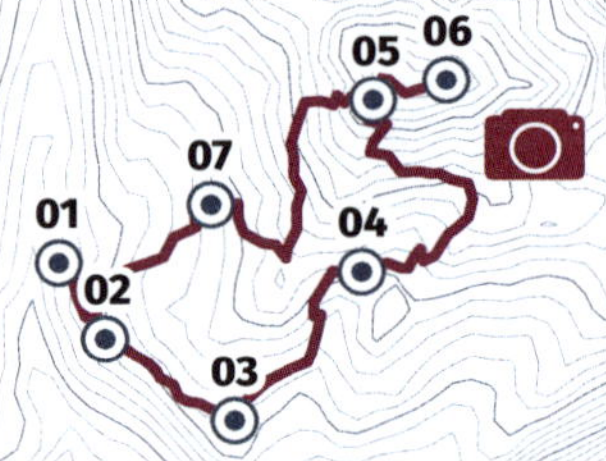

Höhenlinienmodell mit Streckenverlauf

Höhenprofil

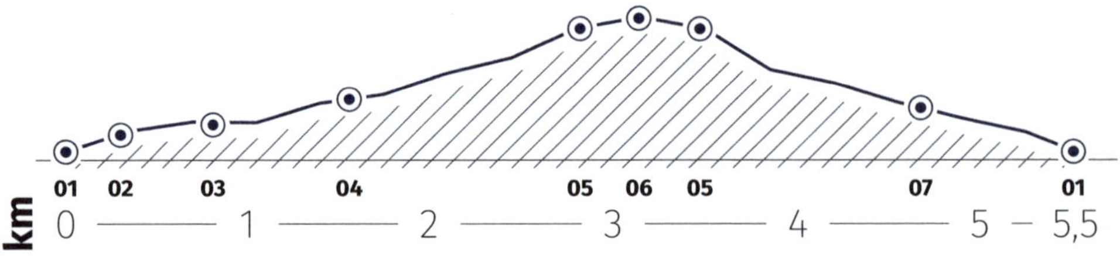

Berge sind stille Meister und machen schweigsame Schüler.

Johann Wolfgang von Goethe (1749–1832)

Vom Parkplatz unterhalb der Wallfahrtskirche in Maria Gern 01 wandern wir auf zunächst recht steilem Asphaltsträßchen in den Wald hoch. In einer markanten Linkskurve erreichen wir eine Verzweigung 02, verlassen den Asphalt (unseren Rückweg) und biegen rechts ab.

Auf einem Kiesweg steigen wir, nicht mehr ganz so steil, weiter durch den Wald bergan, erreichen erneut eine Verzweigung, verlassen den Wald und gelangen durch ein Drehtor in offenes Almgelände. Wieder leicht ansteigend traversieren wir links haltend am Hang entlang und überqueren die aussichtsreiche Marxenhöhe 03. Durch ein weiteres Drehtor und ein kurzes Waldstück geht es dann weiter am Wiesenhang entlang und wieder ansteigend gelangen wir zu einer Verzweigung, wo wir der Markierung links folgen: „Kneifelspitze über Kneifellehen". Am Waldrand entlang wandern wir auf das Kneifellehen 04 zu, halten uns rechts Richtung Paulshütte und gehen ganz leicht abwärts auf ein weiteres Gehöft zu. Wir stoßen auf Asphalt, folgen dem Sträßchen kurz rechts abwärts und schwenken dann scharf links Richtung Kneifelspitze. Der Asphaltweg steigt stärker an, führt in den Wald hinein und geht bald in einen Kiesweg über. Nahe am Waldrand hat man nach links streckenweise Aussicht, dann steigt der breite Kiesweg nach einem Flachstück wieder etwas steiler an und führt in großen Kehren den Wald hoch. Wir passieren die Abzweigung links nach Maria Gern über Lauchlehen (unser späterer Rückweg) und etwas später, kurz vor einer Rechtskehre, einen schönen Aussichtspunkt (Bank) links vom Weg. Nach der Rechtskurve taucht rechts oben ein Kreuz und vor uns die Paulshütte 05 auf. Nach links ist ein „Aussichtspunkt nach Salzburg" 06 angeschrieben und auf einem schmäleren Kiesweg in 5 Minuten zu erreichen. Nach einer Stärkung auf der herrlichen Aussichtsterrasse der Paulshütte (mit Panoramatafel) steigen wir zunächst auf dem gleichen Weg ab, biegen aber bei der Verzweigung „Maria Gern über Lauchlehen" rechts ab und folgen dem deutlich schmäleren Fußweg, der in vielen, teils engen Kehren bergab führt. Nach einer scharfen Linkskehre wird der Weg breiter, verläuft nahe der Waldgrenze, rechts taucht Wiesengelände auf und bei der nächsten Verzweigung schwenken wir scharf nach rechts und folgen der Markierung „Maria Gern, direkter Abstieg über Lauchlehen". Bald ist Lauchlehen 07 sichtbar, unterhalb des Hofes gelangen wir zu einem Parkplatz und stoßen auf das Asphaltsträßchen, das uns zurück zur Verzweigung 02 mit dem Hinweg bringt.

Auf dem bekannten Weg wandern wir bergab zur Wallfahrtskirche und zurück zum Ausgangspunkt 01.

Dein Moment für die Ewigkeit

In Szene setzen

Einem Schnappschuss steht ein genau konzipiertes Foto gegenüber. Die meisten Fotos, die uns in Magazinen oder online begeistern, sind genau geplant, angefangen bei Wetter und Uhrzeit sowie der perfekten Aufnahmeposition. Es schadet also nie, im Vorhinein zu recherchieren.

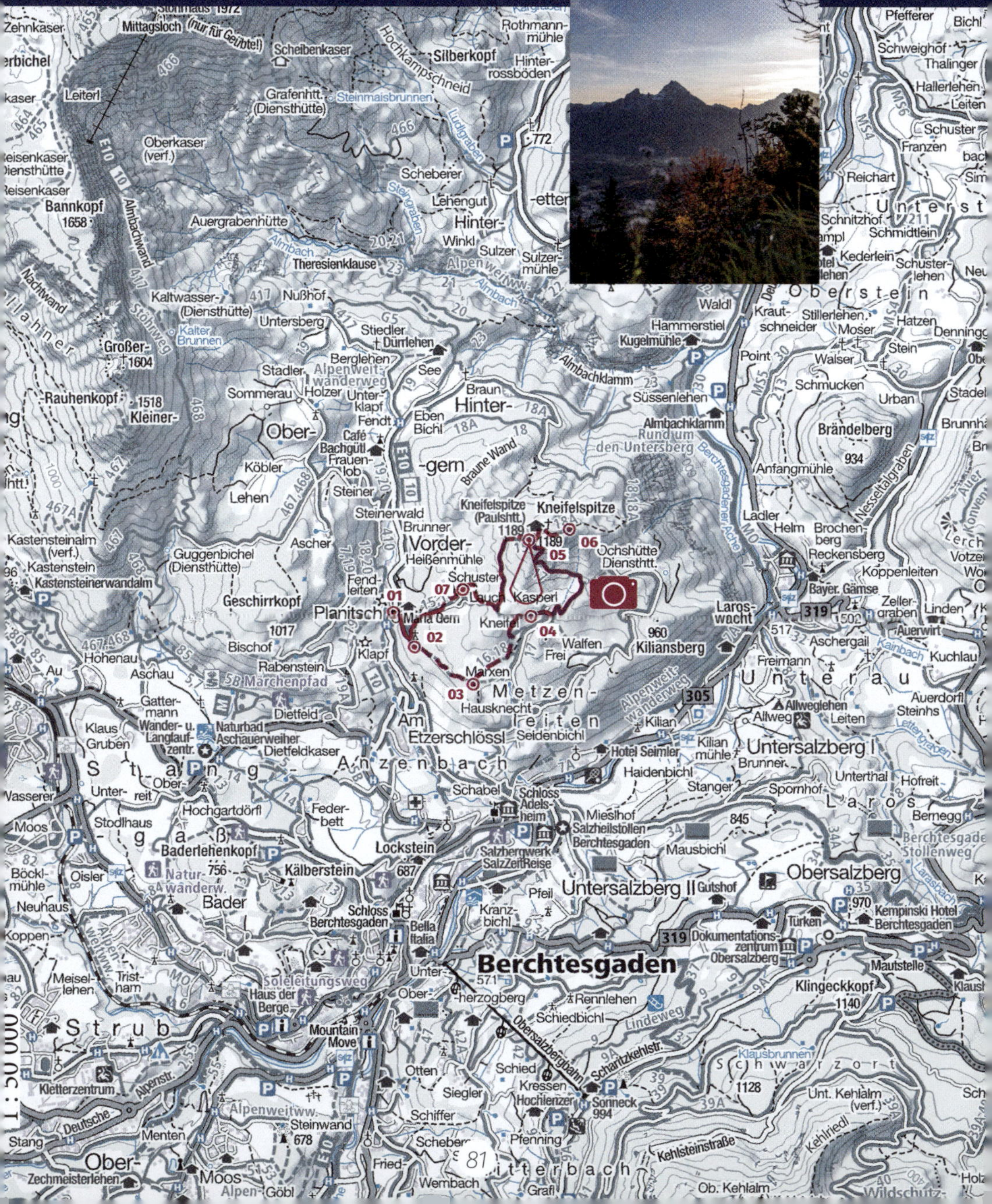

10 Durch die Schlucht zum Licht

Ein bisserl düster und feucht ist sie schon, die Almbachklamm, aber auch sie hat einmal ein Ende. Dieses heißt Ettenberg und ist im Herbst so farbenfroh wie auf diesem Foto!

Bilder von: **Lennart Artinger**
@lennart_artinger

Almbachklamm

Tourencharakter
Wunderbare Schluchtwanderung mit aussichtsreichem Höhenweg und wechelvollem Abstiegspfad.

Start und Ziel
Gasthaus Kugelmühle (500 m) zwischen Berchtesgaden und Marktschellenberg, Parkplatz, Busverbindung von Berchtesgaden und Salzburg.

Schwierigkeit: **leicht** - mittel - schwer
Dauer: **3:00 h**
Länge: **7,5 km**
Aufstieg **460 hm**
Abstieg **460 hm**

Höhenlinienmodell mit Streckenverlauf

Höhenprofil

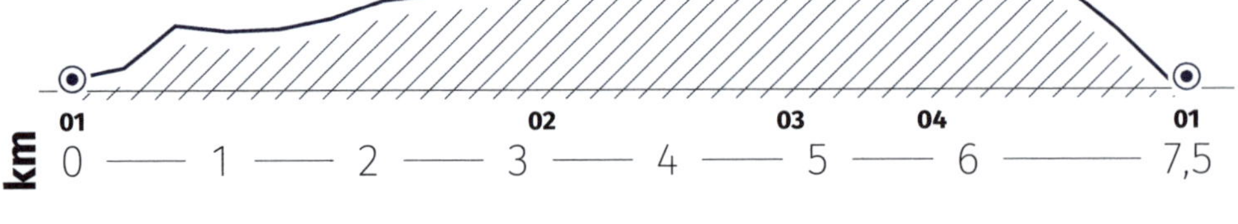

Die Almbachklamm ist an allen wichtigen Stellen gut gesichert, teils gepflastert oder mit Holzbohlen versehen und mit Geländer und Sicherungsdrahtseilen ausgestattet. Der Abstieg über den Hammerstiel-Wanderweg ist teils ordentlich steil und sollte nur bei trockenen Verhältnissen begangen werden.

▶ Wir starten vom großen Parkplatz beim Gasthaus Kugelmühle **01**, überqueren den Almbach und schwenken vor dem Gasthaus links. Vorbei an einer Anlage der Untersberger Marmormühle, der letzten Kugelmühle Deutschlands, und einer Infotafel zum Natur- und Wasserwanderweg Almbachklamm geht es zum Kassenhäuschen. Der anfangs breite Weg führt an einem großen Holzsalamander und kurz darauf an einer Goldwäscherstelle vorbei (Goldwäscherpfannen kann man sich gegen Gebühr ausleihen). Dann verläuft der Klammweg mehr oder weniger hoch am Bachlauf entlang, den er immer wieder auf Metallbrücken überquert, von denen aus sich herrliche Tiefblicke in die Schlucht bieten. Teils eng an Felswänden oder grünen Steilhängen entlang, auf Holzstegen, Kieswegen oder betonierten Abschnitten reihen sich aussichtsreiche Stellen aneinander. Über Treppenstufen geht es immer wieder ein paar Meter bergauf, dann passieren wir einen interessanten Höhlendurchgang mit nur 1,66 m Höhe. Nach zwei längeren Drahtseilbrücken erreichen wir schließlich die eindrucksvolle Staumauer der Theresienklause **02**. Auf der anderen Seite schwenken wir rechts und steigen über einen sandigen Weg zunächst steiler an, um dann in einem Linksschwenk an Felsen entlang auf einem steinigeren Pfad wieder abwärtszugehen. Wir überqueren den Dunkelgraben über eine Drahtbrücke und steigen in Kehren wieder an, bei einer Verzweigung linkshaltend Richtung Ettenberg. Es wird dann flacher, der Weg macht einen weiten Rechtsschwenk, wird breiter, und bald öffnet sich der Blick. Mit herrlicher Aussicht wandern wir auf schmalem Wiesenpfad auf Häuser zu, erreichen Asphalt und folgen dem Sträßchen nach Hinterettenberg **03** und weiter, zuletzt wieder leicht ansteigend, zur Ettenberger Wallfahrtskapelle und zum Gasthaus Messnerwirt **04**. An der Kirche vorbei, noch ein Stück auf dem Asphalt hoch, dann biegen wir scharf rechts auf einen schmalen Wiesenpfad ab, der entlang einer Buschhecke abwärts führt.

Der sehr aussichtsreiche Weg (Hammerstiel-Wanderweg) verläuft durch Waldstücke und an freien Wiesen vorbei, wird dann deutlich steiler, wurzeliger und bringt uns in Kehren und über viele Treppenstufen durch den Waldhang hinab zu den Häusern von Hammerstiel. Wir schwenken rechts und sind nach wenigen Metern wieder beim Gasthaus Kugelmühle **01** und unserem Ausgangspunkt.

Ich habe schon so viele Menschen ohne Wanderschuhe durch die Klamm schleichen sehen… Spare dir das Unfallrisiko!

almbachklamm.com

Dein Moment für die Ewigkeit

Farbkreis

Ab Oktober verfärben sich die Bäume jedes Jahr in ein farbenfrohes Meer. Diese Farbenpracht bietet sich perfekt für herbstliche Aufnahmen an. Behalte bei Herbstaufnahmen auch den Farbkreis im Hinterkopf: Gelb und Blau liegen sich dort gegenüber. Diese Komplementärfarben bilden daher einen besonders schönen Kontrast und ergänzen sich zu einer stimmigen Farbkonstellation.

11 Mannlgratmorgen

Hoch über dem Kehlsteinhaus kratzen die Bergschuhe schon einmal über luftigen Fels. Doch der Mannlgrat ist gut gesichert, sodass Schwindelfreie den Hohe Göll meist problemlos erreichen.

Bilder von: **Katharina Wildenhof & Roman Strasser**
@katharinawildenhof

Hoher Göll über Kehlsteinhaus

Tourencharakter
Gut gesicherter, aber teilweise ausgesetzter Steig, der Schwindelfreiheit, Trittsicherheit und gute Kondition verlangt. Klettersteigausrüstung und entsprechende alpine Erfahrung sind Voraussetzungen.

Start und Ziel
Kehlsteinhaus (1834 m); von Berchtesgaden mit Bus oder Pkw bis Parkplatz Hintereck am Obersalzberg, weiter nur mit dem Bus zum Kehlsteinhaus.

Schwierigkeit: leicht - mittel - **schwer**
Dauer: **6:00 h**
Länge: **6,6 km**
Aufstieg **689 hm**
Abstieg **689 hm**

Höhenlinienmodell mit Streckenverlauf

Höhenprofil

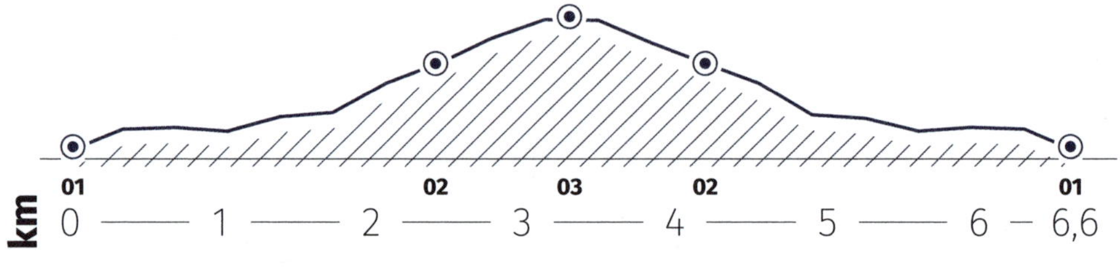

Der Mannlgrat ist für geübte Berggeher, die es gewohnt sind, die Hände zu Hilfe zu nehmen, ein Genuss. Schon der Weg zum Ausgangspunkt ist eine Attraktion. Zuerst mit dem Bus auf der für den öffentlichen Verkehr gesperrten Serpentinenstraße und dann im Fahrstuhl hoch ins Kehlsteinhaus.

Hinter dem Kehlsteinhaus 01 durchquert man auf dem beschilderten Kehlstein-Rundweg eine imposante Felskulisse und gelangt zum Beginn des eigentlichen Mannlsteiges, der durch ein „Nur für Geübte"-Schild nochmals auf seine Schwierigkeit aufmerksam macht. Anfangs steigt man noch durch Latschengestrüpp direkt über den Grat auf. Anschließend quert man die Mannlköpfe mal auf der linken, mal auf der rechten Seite. Der Weiterweg wird felsiger und schwieriger. Steile, ausgesetzte Stellen mit Drahtseilsicherungen und Stiften führen nach oben – hin und wieder mit kleineren Abstiegen dazwischen. Etliche plattige Felsstufen verlangen konzentriertes Steigen, besonders bei feuchten Witterungsbedingungen. An der Mannlscharte 02 sind die größten Schwierigkeiten vorbei, der Weiterweg führt in steilen Kehren über den Schrofen- und Schotterhang zur Verzweigung mit den vom Purtschellerhaus heraufkommenden Anstiegsweg, der als Alternativabstieg gewählt werden kann (Rückfahrt zum Obersalzberg organisieren!). Über die geröllігen Göllleiten marschiert man in einer Dreiviertelstunde nur schwach ansteigend zum Gipfel des Hohen Göll 03 weiter. Nach dem kräftezehrenden Mannlsteig ist der Gipfelweg über den Göllrücken eine fast erholsame Schlussetappe, bei der man die Aussicht genießen kann.

Abstieg: Man sollte einkalkulieren, dass man am Mannlsteig sehr oft erheblichen Gegenverkehr hat. Und auf keinen Fall sollte der letzte Bus ab Kehlsteinhaus verpasst werden, wenn man nicht einen zusätzlichen, langen und anstrengenden Fußmarsch machen will.

MAMMUT

Dein Moment für die Ewigkeit

Persönlicher Touch

Mit den eigenen Beinen und den Wanderschuhen bekommt man als Betrachter den Eindruck, selbst vor der Bergkulisse zu sitzen. Eine weitere Möglichkeit für diesen Effekt ist es, die Hände ins Spiel zu bringen. Mit einer Wanderkarte oder einem Trinkbecher in der Hand verstärkst du das Outdoor-Feeling noch weiter.

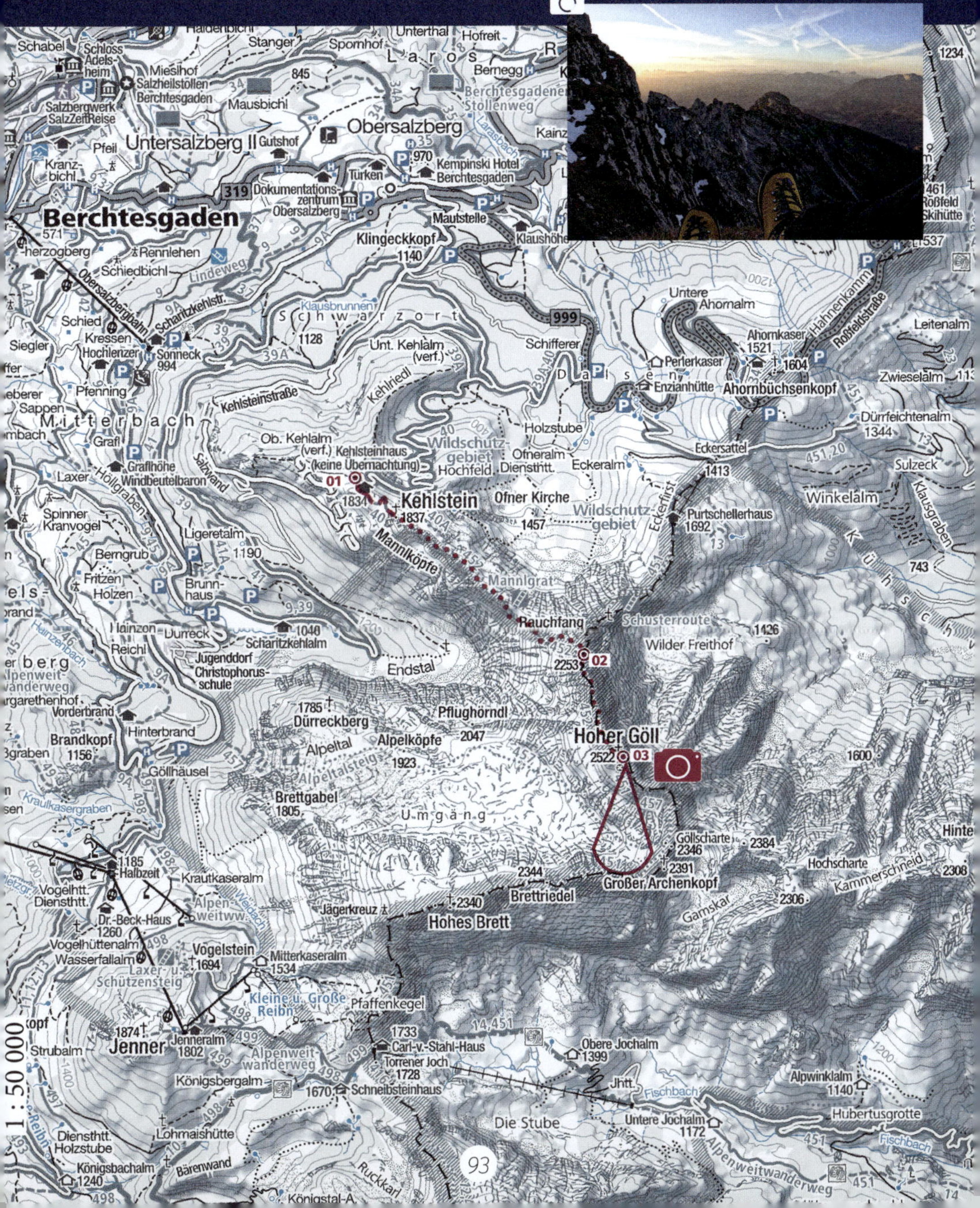

12 Blaueisblick ohne Blutvergießen

Das Verbrechen, dem die Mordaualm ihren Namen verdanken soll, ist längst vergessen. Das Blaueis, der Gletscherfleck am gegenüber aufragenden Hochkalter, wird auch bald Geschichte sein.

Bilder von: **Sabrina von Bein @die_raubritterin**

Mordaualm – Moosenalm – Taubensee

Tourencharakter
Herrliche Almwanderung auf Forststraßen, Wald- und Wiesenpfaden; teils steinig und mit Stufen hoch zum Sattel und hinab zur Lattenbergalm; schmälerer Hangpfad im Abstieg nach der Moosenalm.

Start und Ziel
Parkplatz am Taubensee (890 m), direkt an der Deutschen Alpenstraße (B 305) zwischen Schneizelreuth und Ramsau.

Schwierigkeit: **leicht** - mittel - schwer
Dauer: **3:30 h**
Länge: **10,9 km**
Aufstieg **695 hm**
Abstieg **695 hm**

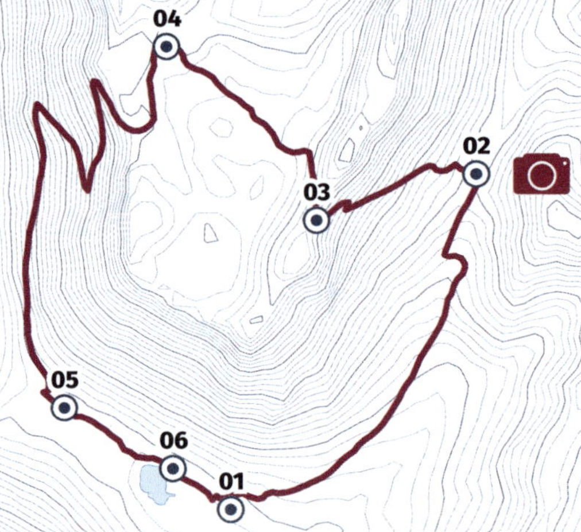

Höhenlinienmodell mit Streckenverlauf

Höhenprofil

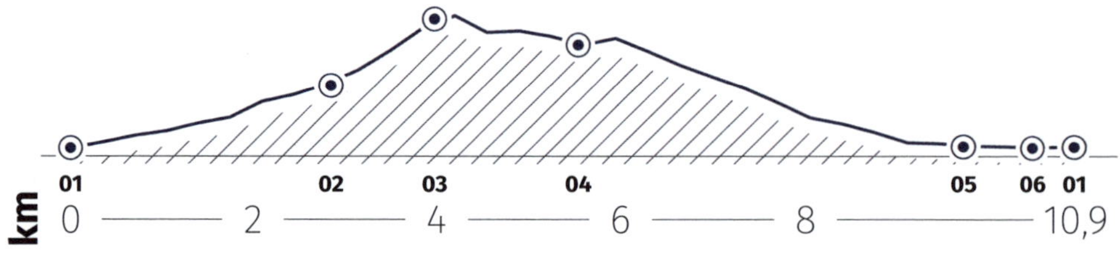

Inmitten des gewaltigen Bergpanoramas und bei Kuhglockenläuten können wir heimische Produkte und selbstgemachte Käsespezialitäten genießen.

Nina Schlesener in der BR-Sendung „Wir in Bayern"

Auf der Mordaualm im Lattengebirge laden gleich drei bewirtschaftete Almen zu Rast und einer zünftigen Brotzeit ein. Bei Parkproblemen am kleinen Parkplatz oberhalb vom Taubensee bietet sich der große Parkplatz an der Schwarzbachwacht als Alternative an, der Alm-Erlebnisweg führt direkt daran vorbei.

▶ Wir folgen vom Taubensee Parkplatz 01 der Beschilderung Mordaualm und gehen auf dem Asphaltsträßchen bergauf. Nach wenigen Minuten endet der Asphalt und der gemächlich ansteigende Kiesweg bringt uns über das Almgelände – teils durch lichte Waldstücke – hinauf zu den Gebäuden der Mordaualm 02 . Immer wieder stoßen wir am Weg auf Tafeln mit vielfältigen Informationen zum Thema Almen/Almwirtschaft. Hinter dem alten Almgebäude steigen wir auf einem schmalen Steig in Kehren über die Almwiesen Richtung Waldrand hoch (rot-weiß-rote Markierung). In einem Linksschwenk wandern wir am Waldrand entlang mit herrlicher Aussicht nach links. Es geht dann stärker in den Wald hinein, der Weg wird steiler und steiniger, passagenweise mit Treppenstufen. Erst ein paar Minuten nach einem deutlichen Rechts-Links-Schwenk erreichen wir wieder das

Waldende und einen pflanzenreichen grünen und sehr aussichtsreichen Sattel **03**. Wir halten uns rechts, zunächst flach, dann geht es auf einem steinigeren Pfad bergab durch niedrige Bäume und Büsche, anschließend eine freie, stellenweise etwas feuchte Weidefläche in Richtung der sichtbaren Lattenbergalm. Wir lassen das Gebäude rechts liegen, betreten wieder Wald und folgen dem nun breiten Fahrweg, der leicht abfällt. Bei einer Kreuzung gehen wir auf schmalem Pfad geradeaus, folgen dem nächsten kreuzenden Kiesweg kurz links und machen nach rechts einen Abstecher zur Moosenalm **04**. Zurück zur Abzweigung bleiben wir auf dem breiten Weg, bis kurz nach dem Infoschild „Die Landschaft" sich der Weg verzweigt und wir rechts abbiegen, in Richtung Schwarzbachwacht. Der Weg verengt sich zu einem schmalen Pfad, der unterhalb von Felsen entlang läuft, nach links bricht der Waldhang steil ins Tal ab. Nach einer starken Rechtskehre leitet uns der steinige Pfad, wieder mehr im Wald, zu einem kreuzenden breiteren Forstweg (Nr. 470) hinab. Wir halten uns links, nach rechts öffnet sich der Blick, wir passieren ein Steinbruchgelände und haben kurz darauf Blickkontakt hinab zum Wirtshaus Wachterl. Wenig später erreichen wir die Alpenstraße, überqueren sie und schwenken nach links. Vorbei an der Wachterlhütte und dem großen Wachterl-Parkplatz **05** folgen wir der Radweg-Markierung Richtung Taubensee.

Über die Alte Reichenhaller Straße hinweg wandern wir auf dem Kiesweg zum Taubensee **06**. Nach links ist wenige Meter später ein aussichtsreicher Steg erreicht, der einen wunderbaren Blick über den See ermöglicht. Über einen kleinen Anstieg gehen wir hoch zur Straße und sind kurz darauf wieder am Parkplatz und am Ausgangspunkt **01**.

Dein Moment für die Ewigkeit

„Sonne lacht...

...Blende 8!“, ist eine sehr bekannte Eselsbrücke. Bei ausreichend Sonnenlicht, kannst du mit dieser Einstellung eigentlich nichts falsch machen. Stellst du die ISO zusätzlich auf einen niedrigen Wert, musst du nun nur noch die Belichtungszeit regulieren. Hier hilft dir die Belichtungswaage deiner Kamera.

13 Stille nach dem Steinschlag

Was für eine Landschaft, was für eine Ruhe! Doch der Schein trügt, denn die Felsblöcke, die hier im stillen Wasser des Hintersees ruhen, veranstalteten einen Höllenlärm, als sie dereinst vom obersten Stockwerk der Berge herabkollerten.

Bilder von: **Sabrina von Bein**
@die_raubritterin

Rund um den Hintersee

Tourencharakter
Einfache Wanderung auf breiten Wegen für die ganze Familie.

Start und Ziel
Hintersee (787 m), Wanderparkplatz. Busverbindung vom Bahnhof Berchtesgaden.

Schwierigkeit: **leicht** - mittel - schwer
Dauer: **1:30 h**
Länge: **2,9 km**
Aufstieg **60 hm**
Abstieg **60 hm**

Höhenlinienmodell mit Streckenverlauf

Höhenprofil

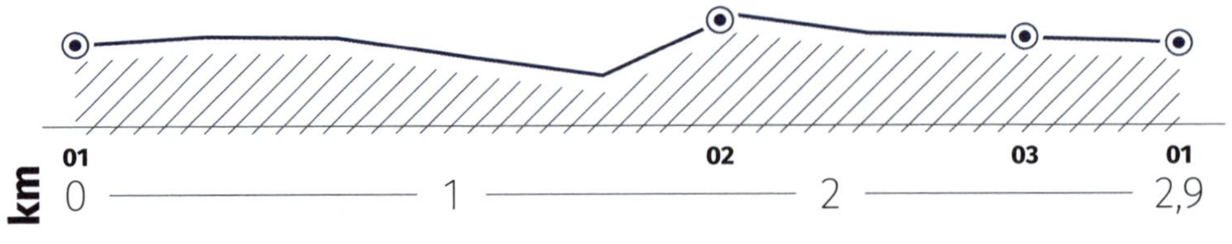

Vor ungefähr 4000 Jahren donnerten im Klausbachtal bei Ramsau gewaltige Bergsturzmassen zu Tal. Dahinter staute sich das Wasser der Ramsauer Ache auf und so entstand der romantische Hintersee, der sich heute auf einem Wanderweg umrunden lässt. Der schönste Abschnitt davon schlängelt sich durch die großen Steinblöcke im Bergsturzgelände, zwischen denen die Bäume des „Zauberwaldes" Schatten spenden.

▶ Vom Wanderparkplatz Hintersee 01 gehen wir durch den Wald am Südufer des Hintersees zur Ostufer-Straße, der wir nach links folgen. Auf dem geschotterten Wanderweg zwischen der Fahrbahn und dem Ufer gelangen wir zum See-Abfluss, wo wir links die einstige Holztriftklause zum Kiosk im Zauberwald überschreiten. Gleich danach biegen wir rechts ab und wandern durch den wildromantischen Zauberwald oberhalb der Ramsauer Ache bergab, bis wir auf einen quer verlaufenden Weg stoßen. Auf diesem geht's links wieder bergauf zur Alten Hinterseestraße 02, die links zum Nordufer des Hintersees führt. Kurz vor der Einmündung in die Hinterseestraße folgen wir dem links abzweigenden „Weg rund um den Hintersee" wieder zum Ufer und zum kleinen Bootshafen beim Café Gelfart. 100 m weiter erreichen wir die barocke Antoniuskapelle 03, von der wir auf dem Uferweg wieder zum Wanderparkplatz Hintersee 01 zurückkehren.

Der Hintersee sowie der Zauberwald in Ramsau
ist einer der idyllischsten Plätze, die man in
den Bayerischen Alpen finden kann.

roads-and-rivers.com

Dein Moment für die Ewigkeit

Bildbearbeitung

Wenn du dich mit Digital-Fotografie beschäftigst, wirst du um die Bildbearbeitung nicht herumkommen. Wichtigster Schritt davor ist: Fotografiere im RAW-Format. Wer Bildbearbeitung für „Schummeln" hält, liegt falsch. Sobald du die Möglichkeiten der RAW-Bearbeitung kennenlernst, wirst du merken, dass es eine Interpretation und ein Herausarbeiten der Bildinformation ist.

14 Eis war einmal …

Hinter der Blaueishütte verbirgt sich das, wonach sie benannt ist – oder besser in kälteren Zeiten benannt wurde. Das Blaueis ist der nördlichste Gletscher der Alpen, besteht aber nur noch aus zwei kleinen Eisflecken und wird in wenigen Jahren ganz abgeschmolzen sein.

Bilder von: **Katharina Wildenhof @katharinawildenhof**

Blaueishütte 1680 m

Tourencharakter
Lohnende Hüttenwanderung, anfangs auf einem breiten Forstweg, dann im oberen Teil auf einem recht steilen, aber gut begehbaren Bergpfad.

Start und Ziel
Ramsau bei Berchtesgaden, 800 m; Parkplatz an der Staatsstraße, Bushaltestelle.

Schwierigkeit: **leicht** - mittel - schwer
Dauer: **4:15 h**
Länge: **10,2 km**
Aufstieg **880 hm**
Abstieg **880 hm**

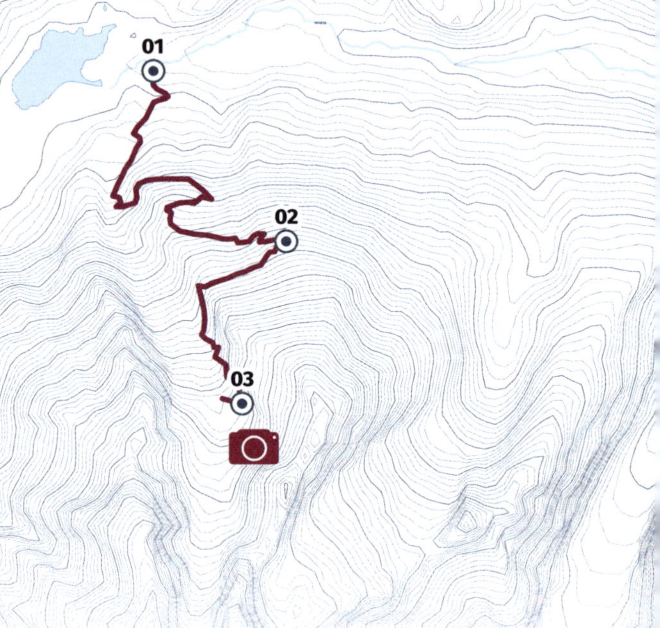

Höhenlinienmodell mit Streckenverlauf

Höhenprofil

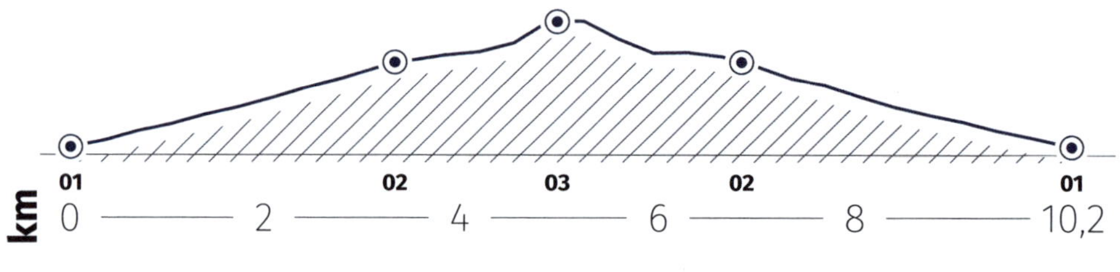

Gletscher gelten als das Gedächtnis der Klimageschichte, Gebirgsgletscher als das Fieberthermometer der Erde.

www.greenpeace.de

Der Hochkalterstock ist ein imposantes Bergmassiv, das mit dem eingerahmten Blaueisgletscher eine Rarität auf deutschem Boden aufweist. Die leicht zu erwandernde und sehr gut bewirtschaftete Blaueishütte ist ein idealer Stützpunkt, um sich dieses Schauspiel aus nächster Nähe anzuschauen. Des Weiteren bietet die Blaueishütte vielfältige alpine Möglichkeiten. Wanderer, Kletterer, Eisgeher – alle finden hier etwas.

Vom großen Parkplatz **01** überqueren wir die Straße und marschieren auf breitem Forstweg in ansteigenden Kehren nach oben. Der Weg ist gut markiert und die scharfe Abzweigung auf einen schmäleren Pfad nach links ist nicht zu übersehen. In teilweise recht steilen Kehren steigen wir nun gemächlich immer dem schattigen Weg folgend weiter auf, bis plötzlich nach einer besonders steilen Stelle vor uns die Schärtenalm **02** auftaucht.

Direkt neben dem Weg gelegen, lädt sie zu einer gemütlichen Pause ein. Ein kurzes Stück fast eben dahin, über eine stabile Holzbrücke hinüber gelangen wir zur Talstation der Materialseilbahn. Hier zweigt vom breiteren Weg nach links ein schmaler Pfad ab (Schild). In engen Serpentinen führt uns dieser gut angelegte Steig ziemlich steil nach oben. Zuerst nach links an die Felsen heran, unterhalb denen wir entlang hochsteigen.

Im oberen Teil dieser bewaldeten Steilstufe halten wir uns rechts und erblicken erst im letzten Moment bevor wir sie erreichen die stattliche und schön gelegene Blaueishütte 03. Abstieg wie Aufstieg.

Dein Moment für die Ewigkeit

Eine Frage des Standpunktes

Immer nur aus Augenhöhe zu fotografieren wirkt schnell langweilig. Fange ein Motiv von unterschiedlichen Standpunkten aus ein und vergleiche das Ergebnis. Die Hütte wurde von einem niedrigeren Punkt aufgenommen und ragt dementsprechend mit der Felswand noch massiver in die Höhe.

15 Vom Latschengrün zum Gletschergipfel

So flach und grün wie rund um die Blaueishütte bleibt die Route auf den Hochkalter nicht: Sie zählt zu den anspruchsvollsten Bergtouren rund um Berchtesgaden.

Bilder von: Thomas Kargl
@maxlsbilderbuch

Hochkalter über den Schönen Fleck

Tourencharakter
Mehrere leichte Kletterstellen, teilweise gesichert; Trittsicherheit und Bergerfahrung sind notwendig.

Start und Ziel
Blaueishütte (1680 m); Zugang siehe bei Tour 14.

Schwierigkeit: leicht - mittel - **schwer**
Dauer: **6:00 h**
Länge: **6,8 km**
Aufstieg **927 hm**
Abstieg **927 hm**

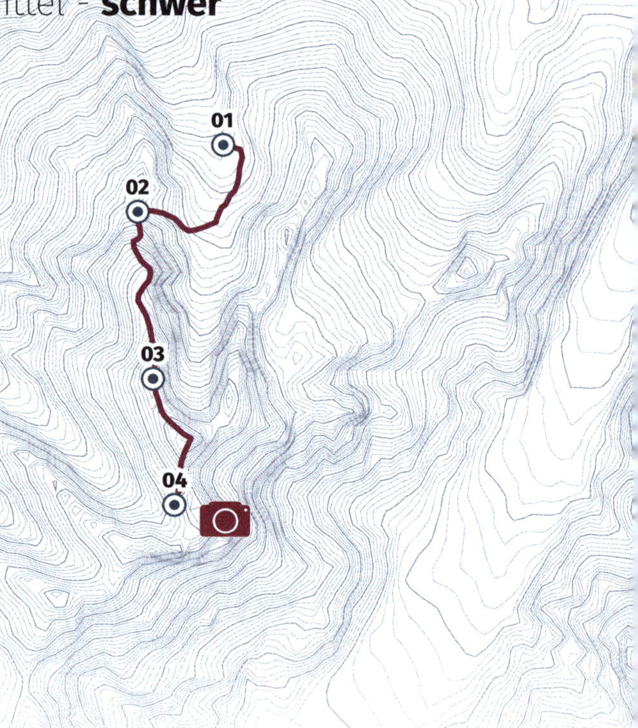

Höhenlinienmodell mit Streckenverlauf

Höhenprofil

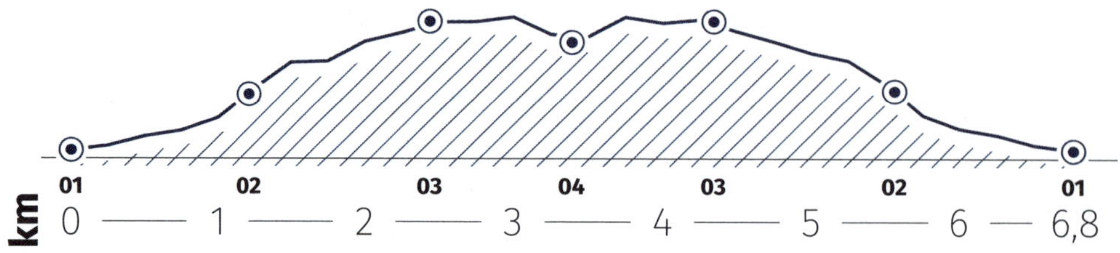

Auf zum Hochkalter – ein alpines Abenteuer für geübte Bergfans!

▶ Der Aufstieg zur Blaueishütte 01 ist bei Tour 14 beschrieben. Von dort gehen wir leicht ansteigend auf dem gut markierten Weg direkt auf den Gletscher zu, bis die Markierung bei mächtigen Felsblöcken nach rechts weist und der Weg durch eine riesige Schuttrinne in steilen Kehren nach oben führt. Dort treffen wir auf das erste Hindernis. Über eine steile, aber gut griffige Platte hangeln wir uns nach oben, halten uns etwas links und gelangen so in eine Gratscharte, den sogenannten Schönen Fleck 02. Weiter links haltend geht es hinauf, zwischen Felsen hindurch und eine felsige Rinne hoch, bei der man durchaus die Hände benutzen muss. Wir halten uns am Grat entlang, mit Aussicht ins Hinterseetal und zur Reiter Alm hinüber, überklettern einen weiteren Felsaufschwung und folgen dem jetzt breiteren und leichteren Pfad. Wir überwinden mehrere Erhebungen, halten uns meist am Grat und gelangen auf dem schönen Höhenweg nach 3 Stunden zum Kleinkalter 03. Beim Weitersteigen geht es wieder leicht bergab in eine Scharte hinunter, bevor man die letzten steilen Meter zum Hochkalter 04 hochklettert. Ein traumhafter Ausblick belohnt uns am Gipfelkreuz. Der Abstieg erfolgt auf derselben Route zur Blaueishütte 01.

Height has nothing to do with it,
it is your strength that counts.

Lynn Hill, US-amerikanische Kletterin

Dein Moment für die Ewigkeit

Sicher am Berg

Gerade im alpinen Bereich sollte man die Gefahren nicht auf die leichte Schulter nehmen. Bei Gratwanderungen und Schlüsselstellen muss man die Hände frei haben und die Kamera in den Rucksack packen. Das empfiehlt sich auch bei Kamerahalterungen am Rucksack, um nicht hängen zu bleiben und näher an den Fels zu kommen.

16 Ein Hauch von Himalaya

Manches Unglück hat auch sein Gutes: Der Bergsturz, der 1999 im Klausbachtal niedergang, brachte zwar viel Verwüstung, führte letztlich aber auch zum Bau einer spektakulären Hängebrücke. Sie ist nur eines der vielen Highlights auf dem Weg ins Salzburgische.

Bilder von: **René Langusch**
@renelangusch

Über den Hirschbichl

Tourencharakter
Lange, aber einfache Wanderung auf Straßen und guten Wanderwegen.

Start und Ziel
Hintersee bei Ramsau (794 m), Nationaplark-Infostelle; Parkplatz, Busverbindung von Berchtesgaden.

Schwierigkeit: leicht - **mittel** - schwer
Dauer: **4:00 h**
Länge: **14,3 km**
Aufstieg **392 hm**
Abstieg **511 hm**

Höhenlinienmodell mit Streckenverlauf

Höhenprofil

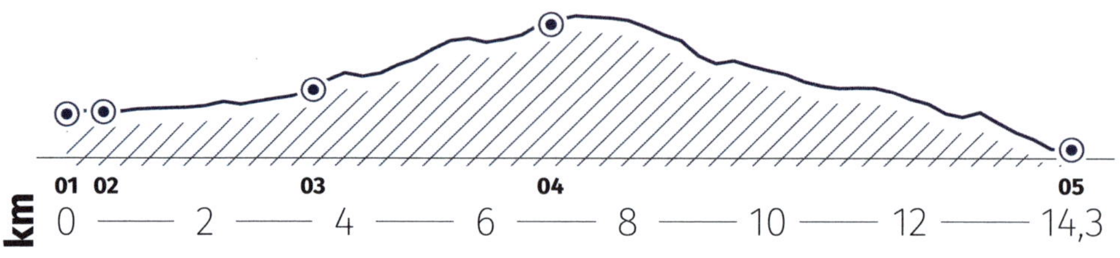

1999 bricht der komplette Gipfelaufbau des Kleinen Mühlsturzhornes aus und 250.000 m³ Fels donnern ins Klausbachtal.

berchtesgaden.de

Zwischen zwei vom Alpenverein ausgezeichneten Bergsteigerdörfern – Ramsau bei Berchtesgaden und Weißbach im Saalachtal – wandern wir auf einer uralten Salzhandelsroute auf den Spuren der Säumer.

▶ Vom Wanderparkplatz Hintersee **01** marschieren wir taleinwärts, an der Schranke bei der Infostelle des Nationalparks im alten Klausbachhaus **02** vorbei und links auf dem Wanderweg ins Klausbachtal hinein. Dem Bachbett entlang geht's sanft aufwärts, über Weideflächen und durch lichten Mischwald, vorbei am leider zerbrochenen Hochzeitsstein, einem sagenumwobenen Schalenstein. Im folgenden Nadelwald wird es langsam steiler, dafür passieren wir viele Quellen, Bergbäche und das Bergsturzgelände von 1999. Da damals die Straße und die Wanderwege zerstört wurden, errichte man dort eine Hängebrücke 03 über den Klausbach. Am Fuße der brüchigen, aber pittoresken Felsabstürze der Reiter Alm, der „Ramsauer Dolomiten", erreichen wir die historische Bindalm – die Almkaser stehen unter Denkmalschutz. Nun ist es nicht mehr weit bis zum höchsten Punkt der Tour, den wir am Grenzübergang Hirschbichl (1183 m) mit dem Alpengasthaus Hirschbichl 04 und einer Kapelle erreicht haben.

Jenseit, nun im österreichischen Bundesland Salzburg, wandern wir auf der Straße und auf Abkürzungswegen hinunter nach Weißbach bei Lofer 05, von wo aus uns der Almerlebnisbus wieder zurück zum Ausgangspunkt 01 oder weiter nach Ramsau bringt.

Dein Moment für die Ewigkeit

Leitende Linien

Verlaufen Linien perspektivisch leitend durch dein Bild, suggerierst du dem Betrachter automatisch Tiefe. Unsere Erfahrungen sagen uns, dass Linien, die auf einen Fluchtpunkt zulaufen, eine Distanz überbrücken. Diese Erfahrung kannst du dir besonders bei Architekturfotos zu Nutze machen, aber auch wie hier bei Wegen und Brücken.

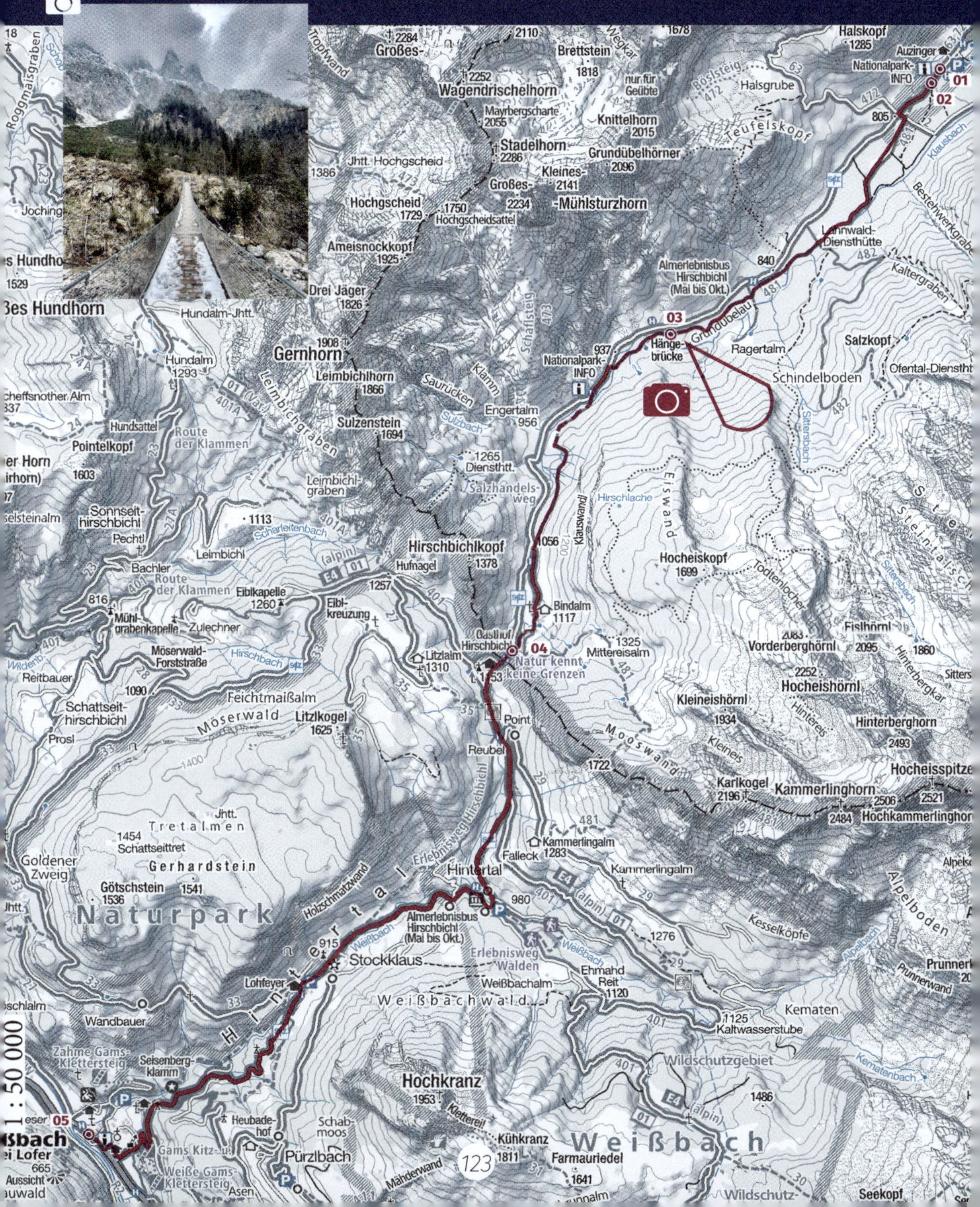

17 Steinwüste und Schluchtromantik

Unter den von Bergstürzen und Schuttmassen verwüsteten Tälern der Alpen ist das Wimbachgries eines der eindrücklichsten. Das liegt nicht zuletzt am hier beschriebenen Übergang dorthin – und an der Wimbachklamm.

Bilder von: **Simon Laabmayr @simonisfunk**

Hochalmscharte – Wimbachklamm

Tourencharakter
Steiler, teils ausgesetzter Bergsteig zwischen Wimbachschloss und Hochalmscharte (stellenweise gesichert); sonst problemlose Pfade und Wege.

Start und Ziel
Ramsau, Parkplatz Wimbachbrücke (650 m).

Schwierigkeit: leicht - **mittel** - schwer

Dauer: **5:15 h**

Länge: **11,6 km**

Aufstieg **949 hm**

Abstieg **949 hm**

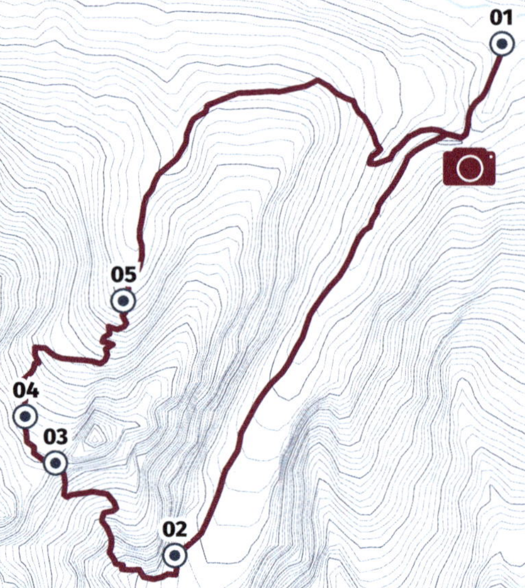

Höhenlinienmodell mit Streckenverlauf

Höhenprofil

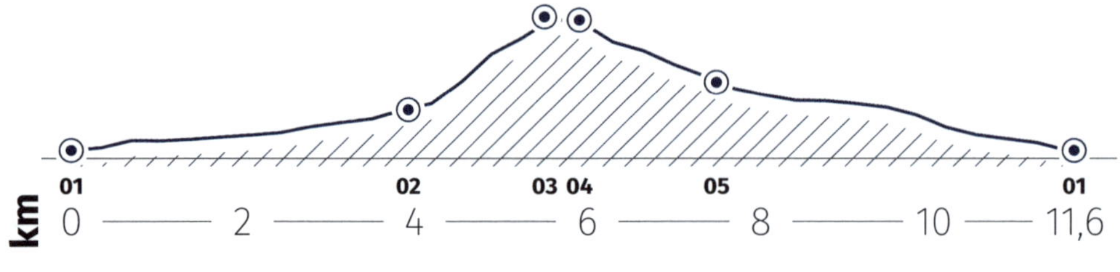

Ein bequemer Wanderweg steht am Anfang unserer Tour; außerdem gleich ein interessanter Abstecher zur Wimbachklamm, den wir uns trotz der Gebührenpflicht leisten sollten.

Von der Wimbachbrücke 01 folgen wir – nach dem Abstecher durch die Klamm – nur leicht ansteigend dem breiten, schottrigen Bachbett und gelangen bequem zum Wimbachschloss 02, einem ehemaligen Jagdschloss der bayerischen Könige. Interessant ist die Vorstellung, dass sich das östliche Paralleltal mit dem Königssee gefüllt hat, während hier ein unendlicher Schuttstrom verwittertes Gestein langsam, aber sicher nach unten befördert. Unmittelbar hinter dem Wimbachschloss nehmen wir den nach rechts abzweigenden Jagdsteig in Angriff, der bald steil ansteigend in engen Kehren durch den Stanglahnergraben hinaufführt. Dieser Steig verläuft über Schrofen, durch Wald und überwindet mehrere Steilstufen. Er ist stellenweise ausgesetzt und mit Drahtseilen gesichert, aber durchaus gut zu begehen.

Hat man dann die Hochalmscharte 03 erreicht, geht es über die freie Hochfläche leicht fallend zur versteckt liegenden Hochalm 04 hinüber. Beeindruckender Tiefblick ins Wimbachtal und hinüber zur Westwand des Watzmanns. Steiler und kehrenreich geht es durch Wald und über Wiesen hinab zur Eckaualm 05 und auf breiterem Weg Richtung Ramsau. Wir dürfen nicht verpassen, kurz nach der Eckaualm die Abzweigung nach rechts zu nehmen, die uns über den Schattseitweg direkt ins Wimbachtal und zur Wimbachbrücke 01 zurückbringt.

Die Natur muss gefühlt werden.

Alexander von Humboldt (1769–1859)

Dein Moment für die Ewigkeit

Schwaches Licht

Gerade wenn das Licht schwach wird neigen viele Kameras dazu, die Belichtung zu hell einzustellen. Sofern deine Kamera es zulässt, versuche die Belichtung etwas unter die vorgeschlagenen Werte zu setzen. Dadurch werden die Farben kräftiger und das Ergebnis realistischer.

18 Der Weg zum Watzmann

Über der Falzalm tritt der Kleine Watzmann – der Sage nach Frau Watzmann – in Erscheinung. Bis hinauf zum Watzmannhaus muss noch 45 Minuten lang tüchtig geschnauft werden.

Bilder von: **Katharina Wildenhof**
@katharinawildenhof

Zum Watzmannhaus 1930 m

Tourencharakter
Unschwierige Hüttenwanderung auf Berg- und Almpfaden; der Alternativ-Abstieg über die Kührointhütte verlangt Trittsicherheit am stellenweise gesicherten Falzsteig.

Start und Ziel
Ramsau bei Berchtesgaden, Parkplatz Wimbachbrücke, 650 m.

Schwierigkeit: leicht - **mittel** - schwer
Dauer: **6:30 h**
Länge: **14,9 km**
Aufstieg **1300 hm**
Abstieg **1300 hm**

Höhenlinienmodell mit Streckenverlauf

Höhenprofil

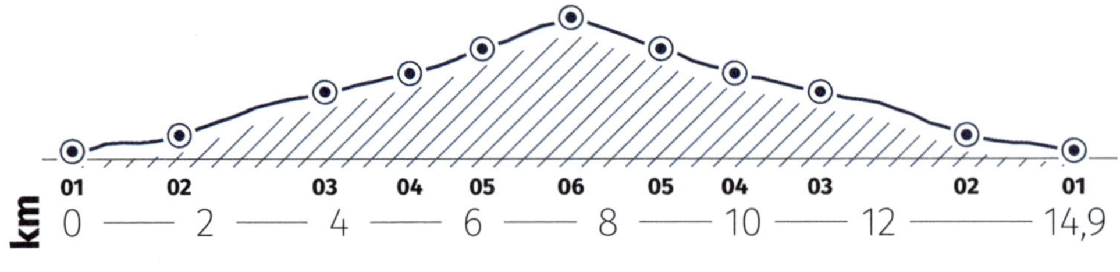

Der Watzmann ist das dominante Bergmassiv der Berchtesgadener Alpen und das Wahrzeichen des Berchtesgadener Landes.

www.berchtesgaden.de

Der Watzmann ist das im besten Wortsinn herausragende und sicherlich wohl auch bekannteste Symbol der Berchtesgadener Berge, ein Topziel für alle Bergsteiger. Aber auch Wanderer haben die Möglichkeit, diesem Koloss nahe zu kommen, denn das Watzmannhaus am Fuße dieses imposanten Massivs ist ein relativ einfach zu erreichendes Wanderziel.

Nicht zuletzt deshalb darf man nicht davon ausgehen, dass der Hüttenanstieg zum Watzmannhaus eine einsame Angelegenheit ist. Wer übernachten will, sollte sich anmelden und sich auch rechtzeitig auf den Weg machen.

▶ Nach dem Start an der Wimbachbrücke **01** erleben wir gleich zu Beginn der Wanderung in der Wimbachklamm **02** den ersten Höhepunkt; der (gebührenpflichtige) kleine Umweg lohnt sich auf jeden Fall. Anschließend wandern wir leicht ansteigend in großen Kehren auf dem markierten Weg Nr. 441 zur Stubenalm **03** hinauf. Der Weg führt dann weiter über die Mitterkaseralm **04** und jetzt zunehmend steiler werdend zur Falzalm **05** 📷.

Über die teilweise freien Hänge schlängelt sich der gut angelegte Steig deutlich steiler zum schon seit längerer Zeit sichtbaren Watzmannhaus 06 hinauf. Das auf dem Falzköpfl platzierte Alpenvereinshaus ist ein äußerst aussichtsreicher Logenplatz mit beeindruckender Aussicht.

Abstieg: Wer nicht übernachten und auch nicht den gleichen Weg zurückgehen will, hat ab der Falzalm eine attraktive, aber etwas längere und mehr Zeit beanspruchende Alternative. Über den anfangs felsigen und steilen Falzsteig (Nr. 442) – einige Drahtseilsicherungen sind im ersten Teil des Steigs angebracht –, erreichen wir zum Schluss gemütlich querend in gut 1 Stunde die bewirtschaftete Kührointhütte. Wenige Meter vor den Almgebäuden zweigt ein markierter Pfad links ab, quert zuerst den Fahrweg, der zur Kührointhütte führt, und verläuft dann auf diesem gemächlich abwärtsführend zur Schapbachalm. Dort folgen wir der nun sehr bequemen, teils etwas langweiligen Fahrstraße, halten uns dann aber links (in Richtung Ramsau ausgeschildert) und gelangen so wieder zur Wimbachbrücke 01 und zum Ausgangspunkt zurück.

Dein Moment für die Ewigkeit

Bildkomposition

Egal wie gut deine Fotoausrüstung – auch wenn es nur deine Handykamera ist – entscheidend ist der Bildaufbau. Damit ist die Einteilung des Bildes gemeint, die Anordnung der Elemente, die Aufteilung in mehrere Ebenen und die Wahl und Platzierung von Motiven. Nimm dir dafür Zeit, da es die Qualität deiner Fotos maßgeblich verbessert.

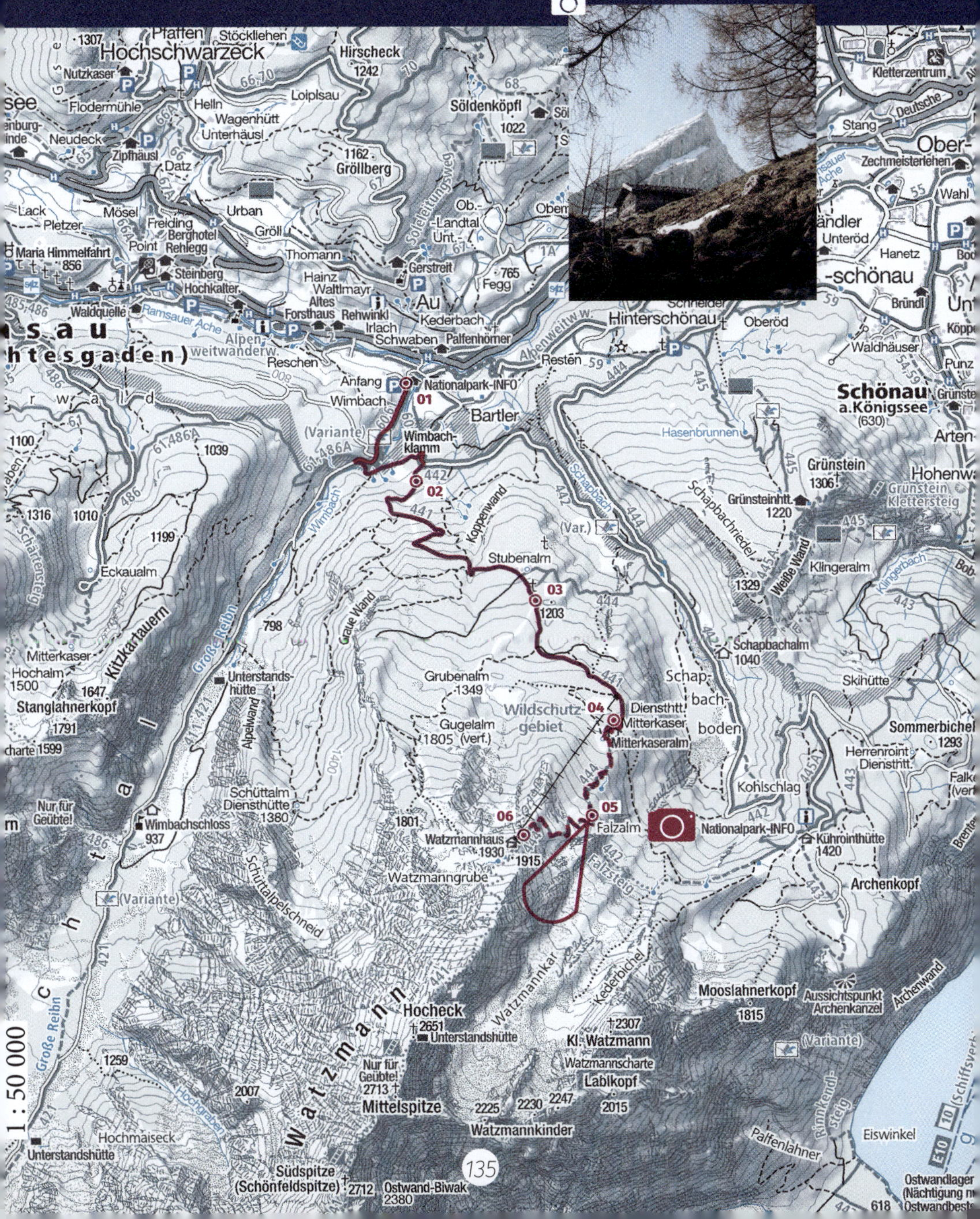

19 Watzmannglanz

Bei sehr sicheren Verhältnissen kommen geeichte Alpinist:innen sogar im Winter auf Berchtesgadens berühmtesten Berg. Wenn's im Sommer passt, lässt sich auch sein höchster Punkt, die Mittelspitze, erklimmen.

Bilder von: **Tamara Putzhammer @maaa.ra**

Hocheck – Watzmann – Mittelspitze

Tourencharakter
Bis zum Hocheck guter Bergsteig mit drahtseilversicherten Stellen im Schlussbereich. Zur Mittelspitze sehr ausgesetzte und luftige Gratkletterei (Drahtseile und Tritthilfen). Schwindelfreiheit und Trittsicherheit werden vorausgesetzt.

Start und Ziel
Watzmannhaus (1930 m), Zugang siehe Tour 18.

Schwierigkeit: leicht - mittel - **schwer**
Dauer: **5:00 h**
Länge: **5,1 km**
Aufstieg **805 hm**
Abstieg **805 hm**

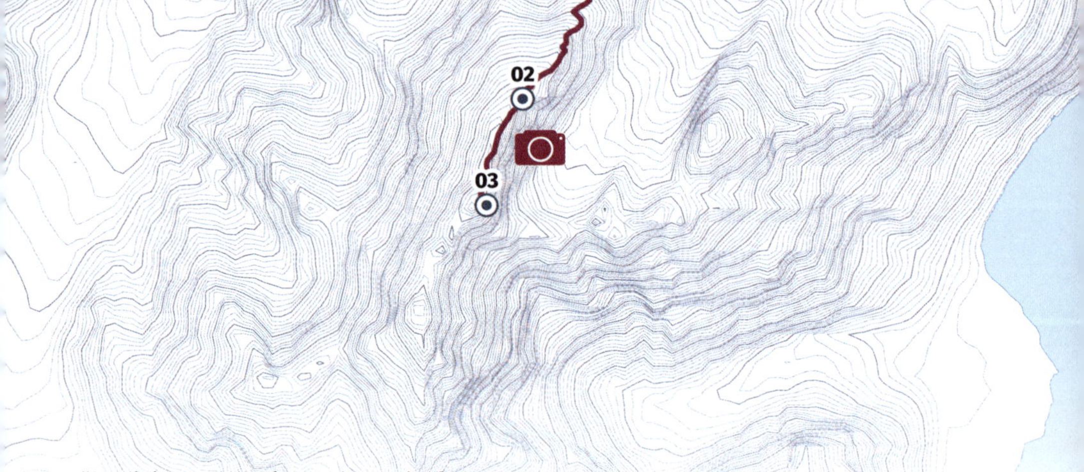

Höhenlinienmodell mit Streckenverlauf

Höhenprofil

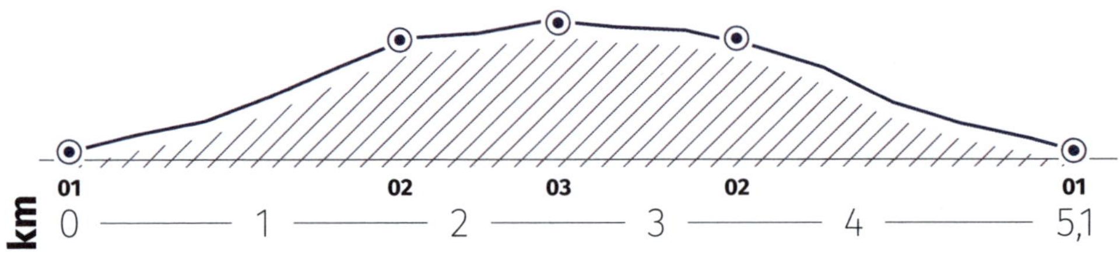

Ein landschaftlich beeindruckendes und großartiges Unternehmen auf Deutschlands zweithöchstem Grat. Dank der Nähe des Watzmannhauses und der angebrachten Drahtseilsicherungen bleibt der höchste Punkt des berühmten Watzmanns aber auch dem normalen Berggeher nicht verschlossen.

Watzmann, Watzmann, Schicksalsberg, du bist so groß und i nur a Zwerg ...

Songtext aus dem Rustical „Der Watzmann ruft" von Wolfgang Ambros, Manfred Tauchen und Joesi Prokopetz (1974)

▶ Vom Watzmannhaus 01 – der Zustieg dorthin wurde bei Tour 18 beschrieben – geht es auf einem gut markierten, von der Hütte aus sichtbaren Weg in weiten Spitzkehren nach oben. Wenn sich der breite Bergrücken verengt, wird der Weg schmäler und steiler und bringt uns über Schrofen zur ersten drahtseilversicherten Stelle. Künstlich angelegte Felsstufen erleichtern uns den Aufstieg. Beeindruckend die Tiefblicke ins Watzmannkar. Unschwierig folgen wir dem Gratverlauf und erreichen nach rund 2 Stunden die kleine, offene Unterstandshütte am Hocheck 02 📷. Nun zuerst über eine schmale Stelle hinab, dann folgt man den Markierungen auf der Grathöhe oder etwas unterhalb an der Westseite des Gratkammes. Mehrere ausgesetzte, aber durchwegs gut gesicherte Auf- und Abstiege bringen uns der Mittelspitze 03 des Watzmanns näher. Das Gipfelkreuz erreichen wir schlussendlich über ein steiler ansteigendes, mit künstlichen Stufen versehenes Plattenband. Die Rundumsicht von diesem höchsten

Berchtesgadener Aussichtspunkt ist faszinierend. Hochkalter, Hochkönig, Zugspitze und die Gletscher des Alpenhauptkammes präsentieren sich unseren Blicken. Wir genießen daher lieber diese Aussicht, anstatt die Gratwanderung zur nur 1 m niedrigeren Südspitze fortzusetzen, die uns hin und zurück zudem rund 2 1/2 Stunden kosten würde. Der Abstieg von dort über das Wimbachgries ist äußerst lang, mühsam und infolge von Orientierungsproblemen gerade im oberen Bereich nicht ungefährlich. Abstieg: Wir steigen vom Mittelgipfel auf dem Anstiegsweg ab.

Dein Moment für die Ewigkeit

Weißabgleich

Der Weißabgleich sagt der Kamera, um welche Farbtemperatur es sich handelt. Bei Sonnenlicht ist die automatische Messung sehr gut. Ist ein Bild zu „kalt“ (leichter Blaustich) oder zu „warm“ (Gelb- bis Orangestich), stimmt dieser Wert nicht. Dann kannst du den Weißabgleich manuell auf die richtige Farbtemperatur je nach Lichtquelle einstellen.

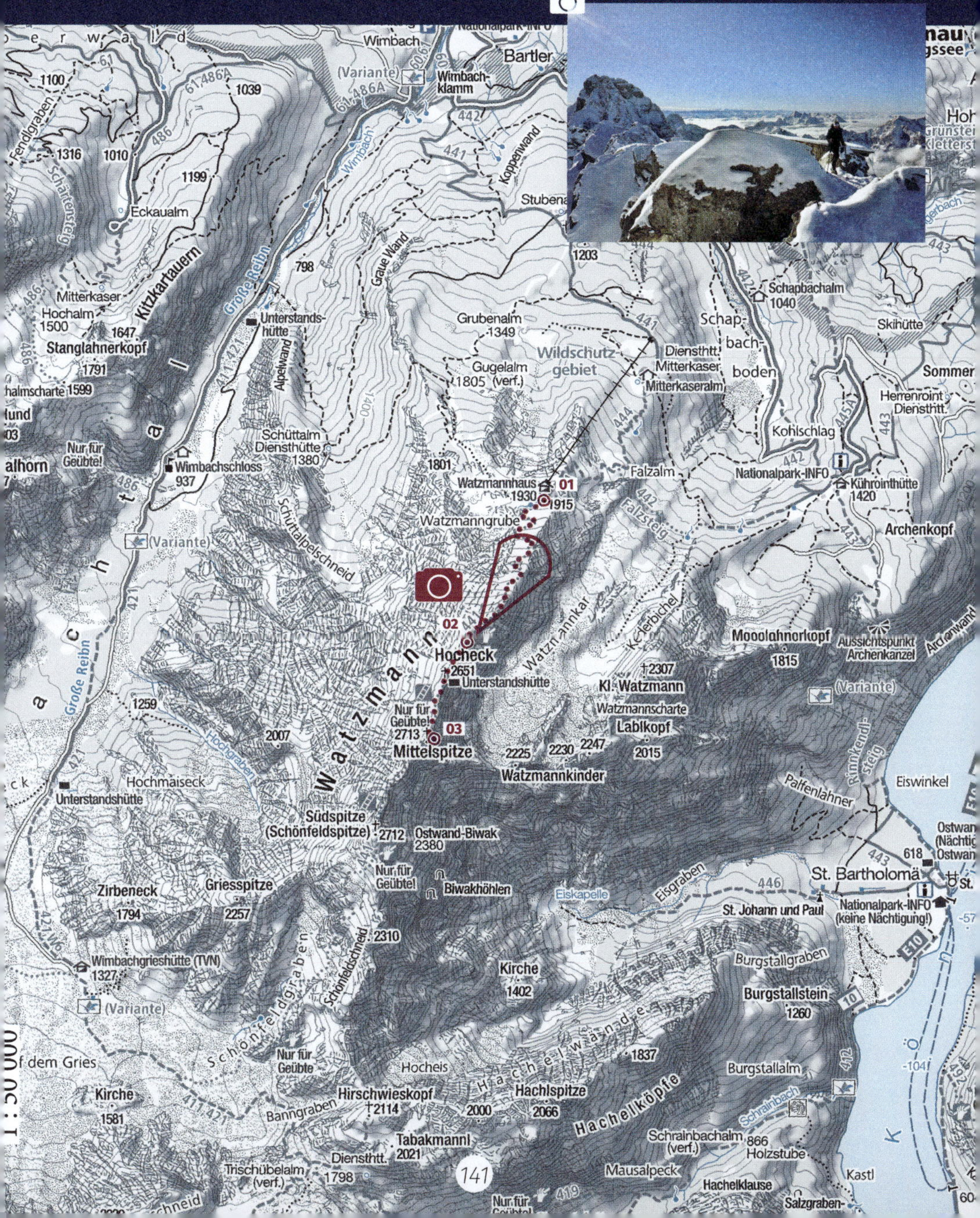

20 Ein Rundweg wie gemalt

„Malerwinkel“ gibt's mehrere in den Alpen – doch jener am Königssee dürfte der schönste von all diesen romantischen Orten sein. Der „Fjordblick“ zur Schönfeldspitze ist wirklich einzigartig.

Bilder von: **Michael Perschl**
@perschl_miche

Malerwinkel-Rundweg

Tourencharakter
Leichte Rundtour mit herrlichen Aussichtspunkten.

Start und Ziel
Königssee bei Schönau am Königssee (604 m); Parkplatz, Busverbindung vom Bahnhof Berchtesgaden.

Schwierigkeit: **leicht** - mittel - schwer
Dauer: **2:15 h**
Länge: **5,6 km**
Aufstieg **201 hm**
Abstieg **201 hm**

Höhenlinienmodell mit Streckenverlauf

Höhenprofil

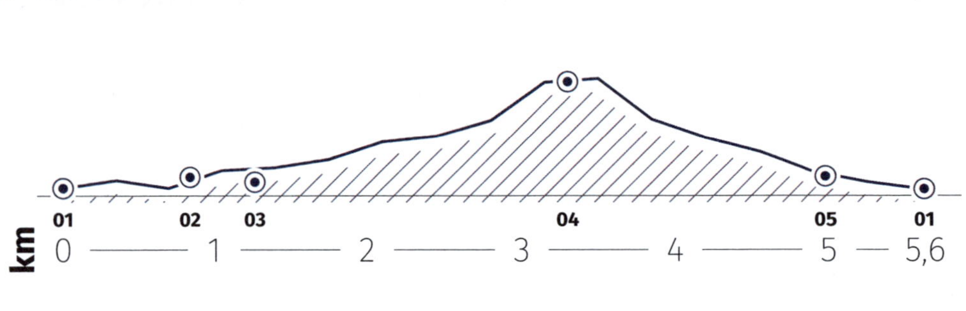

Berchtesgaden ist der Yellowstone-Park der deutschen Alpen. Die großartigsten Schaustücke derselben liegen nirgendwo so vor deiner Türe wie hier.

Heinrich Noë, deutscher Berg- und reiseschriftsteller (1835–1896)

Wer sich nicht auf's Wasser traut und keinen allzu beschwerlichen Fußaufstieg machen möchte, hat dennoch Gelegenheit, einen eindrucksvollen Blick auf den Königssee zu werfen. Und er darf sich sicher sein, dass er diesen Standort mit vielen berühmten Vorfahren teilt, denn seinen Namen hat dieser Fleck nicht von ungefähr bekommen, und bei Rundgängen in Bilderausstellungen zum Thema Landschaftsmalerei wird man diesen Blickwinkel immer wieder erkennen. Und noch häufiger heutzutage auf Fotos! Der gut 3,5 km lange Malerwinkel-Rundweg ist ein bequemer Spazierweg, der ohne nennenswerten Höhenunterschied am nördlichen Ufer des Königssees verläuft.

▶ Wir starten in Königssee 01 vom Parkplatz aus zur Seelände, halten uns bei den Schifffahrtshäuschen links und folgen dem Schild, das uns zum viel begangenen und gut markierten Rundweg führt. Zuerst leicht ansteigend zur Villa Beust 02, dann eben und bei einer Verzweigung kurz rechts abwärts zum sogenannten Malerwinkel 03 📷. Sitzbänke laden hier zum

Verweilen und Schauen ein. Der Blick über den Königssee reicht bis zur rund 4 km entfernt gelegenen Wallfahrtskirche St. Bartholomä. Zurück und nach rechts weiter auf dem Rundweg erreichen wir leicht ansteigend bei der nächsten Linkskurve erneut einen sehr schönen und aussichtsreichen Rastplatz. Wenn wir zum höchsten Punkt des Rundwegs gelangen, weist uns ein Schild „Rabenwand" nach rechts und ein felsiger Pfad führt uns fast eben zum Aussichtspunkt Rabenwand **04**. Von vielen wird diese Aussichtswarte (mit Sitzbänken und Stempelstelle) als eine der schönsten am Königssee bezeichnet; eine der am schnellsten und einfachsten zugänglichen ist sie auf jeden Fall.

Wieder zurück zum Rundweg und bequem weiter – nun stets abwärts – Richtung Dorf Königssee. Vorbei an der Jennerbahn-Talstation **05** beenden wir unseren gemütlichen Spaziergang am Ausgangspunkt, dem Parkplatz Königssee **01**.

Dein Moment für die Ewigkeit

Nebelschleier

Nebelschleier eignen sich besonders gut für atemberaubende Fotomotive, wenn das einfallende Sonnenlicht sich an den Wasserpartikeln in der Luft streut, entsteht eine magische Lichtstimmung. Wo Nebel ist, ist allerdings auch Feuchtigkeit: Darum solltest du immer ein trockenes Linsenputztuch dabei haben.

21 Grün, aber steinig

Bergwandern neben der Bobbahn – das ist das Alleinstellungsmerkmal am Beginn dieser Tour. An ihrem Ende steht diese Traum-Aussicht zum Hohen Göll und ins Hagengebirge.

Bilder von: Michael Perschl
@perschl_miche

Grünstein

Tourencharakter
Wanderweg im unteren Teil, steilerer und kehrenreicher, aber gut zu gehender Waldpfad zur Grünsteinhütte.

Start und Ziel
Königssee bei Schönau am Königssee (604 m); Parkplatz, Busverbindung vom Bahnhof Berchtesgaden.

Schwierigkeit: **leicht** - mittel - schwer
Dauer: **4:00 h**
Länge: **6,8 km**
Aufstieg **700 hm**
Abstieg **700 hm**

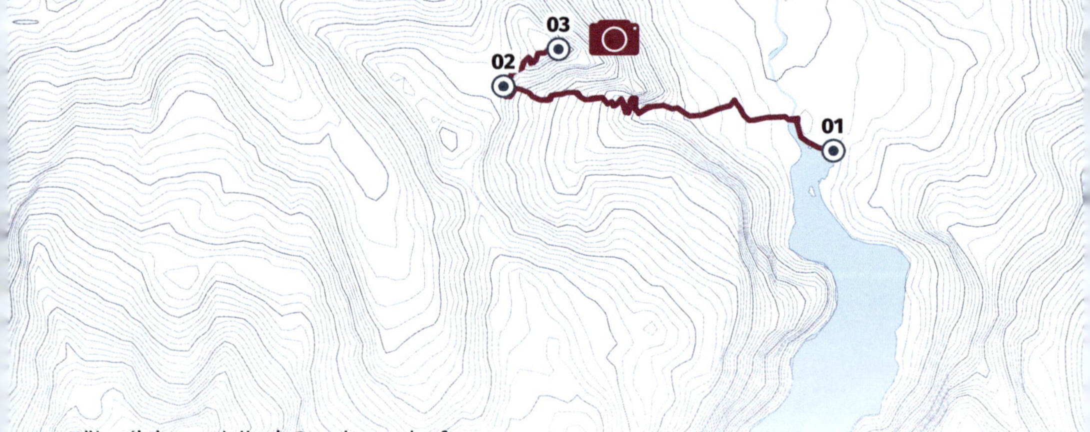

Höhenlinienmodell mit Streckenverlauf

Höhenprofil

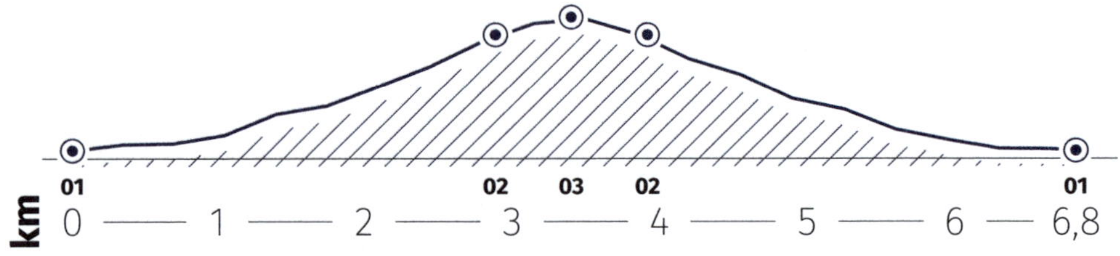

Heimat ist kein Ort, Heimat ist ein Gefühl!

Herbert Grönemeyer, deutscher Rockmusiker

Der dem Watzmann vorgelagerte, dicht bewaldete Rücken weist vom Königssee aus gesehen eine recht eindrucksvolle, felsige Seite auf. Ein willkommenes Nahziel für alle Königssee-Besucher, zumal das Gipfelplateau des Grünsteins eine ähnlich imposante – aber doch wesentlich schneller und vor allem einfacher zu erreichende – Aussicht als sein großer und bekannterer Bruder, der Watzmann, bietet.

▶ Vom Parkplatz Königssee **01** gehen wir zu den An- und Ablegeplätzen der Königsseeboote. Dort rechts am Ufer entlang, über die überdachte Holzbrücke ans andere Ufer, hinauf zur Straße und dem Schild Richtung Grünstein folgen oder alternativ nach rechts, kurz der Straße entlang, bis nach der Kurve ein Schild nach links Richtung „Ramsau/Oberschönau“ weist. Wir folgen dem Weg, bis wir auf die Straße treffen, die zur Bobbahn führt. Weiter der Markierung folgend steigen wir auf dem breiten Weg an, bis wir nach einer guten Stunde Gehzeit in Höhe der Startanlage der Bobbahn (links von uns) ankommen. Kurz danach, ein paar Meter nach dem Einstieg zum Grünstein-Klettersteig, weist uns ein Schild nach rechts. Der kehrenreiche Pfad verläuft teils im Wald, meist aber steigt er über sonnige Passagen den Klinggraben hoch. Nur wenige Felsstufen und ein paar Sandpassagen verlangen etwas mehr Aufmerksamkeit, im oberen Bereich unterstützen schön ange-

legte Holzleitern unseren Aufstieg. Bei einer Aussichtsbank bieten sich uns gute Einblicke in den gegenüberliegenden Grünstein-Klettersteig. Die Seilbrücke ist deutlich zu erkennen. Nach etwa 45 Minuten erreichen wir Treppenstufen, die uns die letzten Meter hoch zum Wanderweg bringen, der links von der Kührointalm herführt. Wir halten uns rechts, steigen leicht an und stehen wenige Minuten später vor der meist gut besuchten Grünsteinhütte 02. Am mit einem Holzgeländer gesicherten Ausguck können wir einen interessanten Tiefblick zum Königssee hinunter genießen. In einer guten Viertelstunde erreicht man dann auf einem unschwierigen Weg das Gipfelplateau des Grünsteins 03, das einen beachtlichen Weitblick ins Berchtesgadener Tal und hinüber zum Watzmann gestattet.

Auf zwei kleineren Gipfelerhebungen stehen etliche Rastbänke, ein überdachtes Holzkreuz mit Christusfigur und ein Gipfelbuchkasten. Abstieg: Der verläuft über den Anstiegsweg. Bei Interesse lässt sich auch nach Erreichen des Kiesweges im unteren Teil ein Abstecher zur Bob- und Rodelbahn machen. Wir steigen dann auf dem Asphaltsträßchen direkt an der Bobbahn entlang zum See ab.

Dein Moment für die Ewigkeit

Vogelperspektive

Bei der Vogelperspektive liegt der Aufnahmepunkt oberhalb des Motivs. Diese Perspektive eignet sich besonders gut für Übersichtsaufnahmen. Während sich die Vogelperspektive weniger für Portraitfotos eignet, verhilft sie bei der Landschaftsfotografie – wie in unserem Beispiel – zu einem atemberaubenden Weitblick.

22 Zwei Drittel Watzmann

1800 Meter ist die berühmte Watzmann-Ostwand hoch. Gut 1200 Höhenmeter muss man auch bis zum Mooslahnerkopf investieren. Der Weg zu diesem Top-Aussichtpunkt hält zwar ein paar Hindernisse bereit, beschenkt aber alle, die ihn wagen, reich.

Bilder von: **Michal Perschl**
@perschl_miche

Mooslahnerkopf

Tourencharakter
Sehr lange und anspruchsvolle, aber landschaftlich großartige Bergwanderung auf stellenweise steilen und ausgesetzten, aber gesicherten Pfaden im Felsgelände. Die Abstiegsroute ist ebenfalls steil, aber breit und problemlos zu begehen. Einkehren und übernachten kann man in der gemütlichen Kührointhütte.

Start und Ziel
Königssee, 604 m; Busverbindung vom Bahnhof Berchtesgaden, Parkplatz, Schiffsanlegestelle.

Schwierigkeit: leicht - **mittel** - schwer
Dauer: **7:15 h**
Länge: **14,9 km**
Aufstieg **1230 hm**
Abstieg **1230 hm**

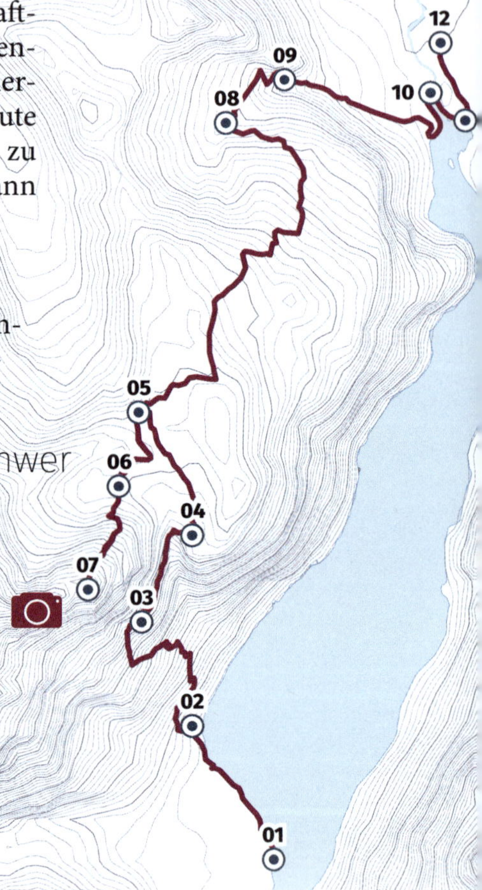

Höhenlinienmodell mit Streckenverlauf

Höhenprofil

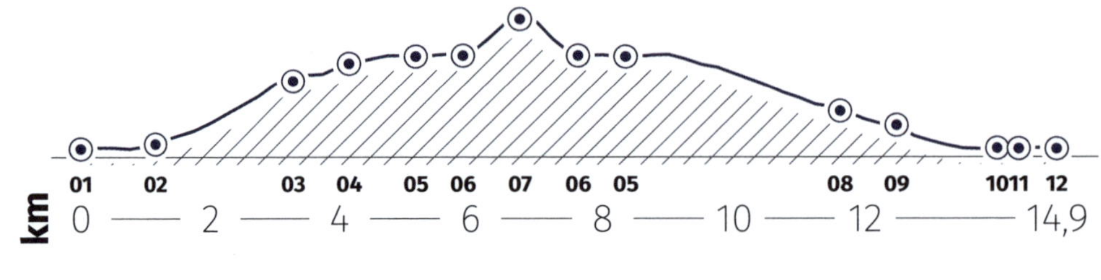

Auf dieser Tour erlebt man eine einzigartige Kombination von Schifffahrt, gesichertem Steig, aussichtsreicher Almlandschaft und schattigem Wanderweg im Nahbereich des gewaltigen Watzmanns und seiner berühmten Ostwand. Der höher gelegene Mooslahnerkopf bietet eine wunderbare Panoramaaussicht mit seiner schmiedeeisernen Gipfelglocke.

▶ Beim Holzhaus der Nationalpark-Information hinter dem Gasthaus von St. Bartholomä **01** halten wir uns rechts und folgen dem Schild „Rinnkendlsteig". Am Ufer entlang gelangt man nach 10 Minuten zu seinem Einstieg **02**. Es geht links in den Wald hinauf. Kurz nach der ersten Querung über eine freie Hangfläche mit Blick zum See erreicht man die erste Stahlseilsicherung. Der Pfad ist mit vielen Holzstufen, Leitern und weiteren Seilen ausgestattet. Die Kehren werden nun steiler; schattige Abschnitte wechseln mit sonnigen Passagen (schöne Tiefblicke). Nach gut 1¼ Stunden wird der Steig felsiger (Eisentritte, Stahlseile), bis es nach weiteren 15 Minuten kurz auf einer Leiter abwärts geht. Anschließend in einem Linksschwenk wieder bergauf (Leiter), dann folgt eine kurze flachere Passage **03**, bis es neuerlich auf einer Leiter steiler bergab geht. Bei der folgenden Leiter kommt nach etwas mehr als 2 Stunden Gehzeit der Schlussanstieg durch eine markante Schlucht, die von rechts unten emporzieht. So erreichen wir eine Abzweigung, von der rechts ein kurzer, wurzeliger

Die Wildnis ist eine strenge, aber gute Lehrmeisterin, die Berge sind steingewordene Lügendetektoren, die einen sich selbst und die anderen erkennen lassen.

Stefan Glowacz, bayerischer Weltklasse-Kletterer und Profibergsteiger

Dein Moment für die Ewigkeit

Zur richtigen Zeit am richtigen Ort

Die Überschrift verrät zwei der wichtigsten Faktoren für ein gelungenes Foto. Jeder Ort hat seine Besonderheiten was die Zeit betrifft. Das kann sowohl die Tageszeit als auch die Jahreszeit sein. Auf dem Bild sieht man den See in einem schönen dunklen Grün bis fast Türkis. Das Model wird an dem Frühlingstag warm beleuchtet.

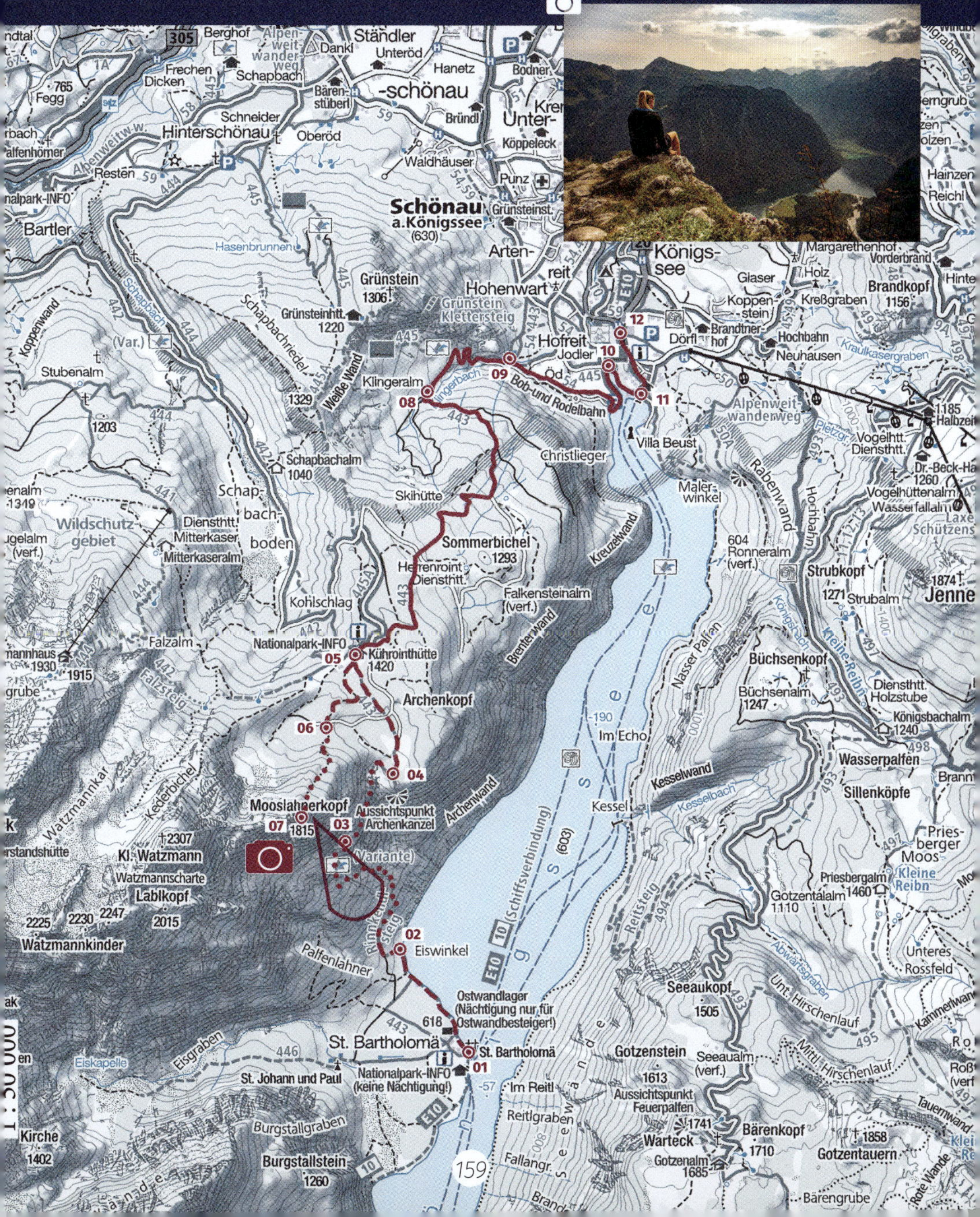

Stichpfad zur luftigen Archenkanzel 04 (1346 m) führt. Nach der Rückkehr zur Abzweigung halten wir uns nach links und folgen dem breiten Kiesweg zu einer Plattform (Hubschrauberlandeplatz, Hüttenversorgung). Kurz danach verlässt ein schmaler, leicht ansteigender Pfad den Kiesweg nach links. Nach Überqueren einer Fahrstraße wird der Pfad steiniger und steigt an. Wir durchwandern eine Senke und erblicken nach gut 3 Stunden vor uns die Gebäude der Kührointhütte 05 (1420 m). Von dort gehen wir Richtung „Archenkanzel", halten uns aber sofort nach der letzten Hütte rechts und folgen dem Wiesenweg. Am Hang entlang passieren wir ein Drehkreuz und verlassen das Weidegelände. Wir machen eine Rechtskehre, zunächst flach, dann leicht abwärts und stoßen auf einen Kiesweg 06, den wir überqueren. Es folgt nun ein sehr dicht bewachsenes, pflanzenreiches Wegstück, der fast ebene, wunderschöne Weg ist zum Teil stark zugewachsen. Nach dieser Pflanzenpracht steigt der Weg steiler an und es geht in engen Serpentinen durch den Wald hoch. Dieser Wegabschnitt ist bei Nässe sehr rutschig und sollte daher nur bei trockenem Wetter begangen werden. Zum Schluss wird es flacher, es folgt eine längere Traverse, bevor der Pfad nochmals durch eine steile Rinne ansteigt. Der erste Blick zum schmiedeeisernen Gipfelkreuz eröffnet sich. Wenig später steht man vor einer kleinen Madonnenstatue und einer origi-

nellen Glocke am aussichtsreichen Gipfel des Mooslahnerkopfs 07. Der Tiefblick zum Königssee hinab ist fantastisch, ebenso die Panoramaaussicht, die vom Watzmann über den Untersberg bis hinüber ins Steinerne Meer reicht.

Der Abstieg verläuft auf dem Anstiegsweg wieder zur Kührointhütte 05. Nach der Einkehr marschieren wir auf der breiten Sandstraße bis zur Verzweigung, geradeaus ist der Weg nach Königssee 2¼ Stunden, nach links der Weg zur Grünsteinhütte ausgeschildert. Wir folgen dem Königssee-Weg, der uns in den schattigen Wald führt. Bei einer Wegverzweigung weist uns die Markierung nach links, ab hier wird der Kiesweg recht steil und führt in großen Serpentinen zur Klingeralm 08 hinab. Kurz vorher öffnet sich der Blick nach vorn, zum Grünstein. Vor der etwas erhöht liegenden Klingeralm überqueren wir einen Bach, halten uns rechts und gelangen nach ein paar Kehren zum Startgebäude der Bobbahn. Ein schmaler Steg führt halb rechts zur Bahn hinab und auf Asphalt folgen wir links der Bobbahn bis zur Abzweigung Rodelbahnweg 09, der uns links am Waldrand entlang führt und dann rechts abknickt. Hinter einem Gehöft wandern wir über Wiesen direkt hinab zur Brücke 10 über die Königsseer Ache. Dann am Ufer entlang zurück zum Hafen 11 und durch das Dorf zum Parkplatz Königssee 12.

23 Bergezählen am Hohen Brett

Der Hausberg des Carl-von-Stahl-Hauses ist nicht der schlechteste Ort, an einem Tag mit klarer Luft zu Zählen zu beginnen: Kahlersberg, Funtenseetauern, Schönfeldspitze ...

Bilder von: Michael Perschl
@perschl_miche

Hohes Brett

Tourencharakter
Bergtour durch Latschengelände und mit felsig-gerölligen Pfad- und Steigabschnitten (zwei drahtseilgesicherte Passagen im Anstieg zum Jägerkreuz).

Start und Ziel
Jennerbahn-Bergstation (1802 m), Parkplatz an der Talstation, Bus vom Bahnhof Berchtesgaden.

Schwierigkeit: leicht - **mittel** - schwer
Dauer: **4:45 h**
Länge: **8,5 km**
Aufstieg **661 hm**
Abstieg **1155 hm**

Höhenlinienmodell mit Streckenverlauf

Höhenprofil

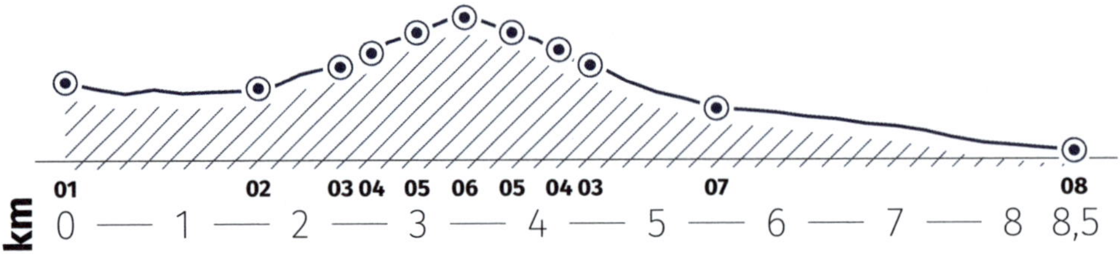

Das Hohe Brett ist neben dem Schneibstein einer der am leichtesten zugänglichen Zweitausender der Berchtesgadener Alpen.

alpine-bergtouren.de

Wer sich am mächtigen Göll mit seinen Klettersteigen nicht wohlfühlt, findet am Hohen Brett ein geeignetes und aussichtsreiches Gipfelziel. Und die Jennerbahn kann als Alternative auch für den Abstieg hergenommen werden.

▶ Bei der Jenner-Bergstation **01** halten wir uns an die Markierung „Stahlhaus/Schneibsteinhaus" und steigen zuerst in Serpentinen bergab. Im Sattel, kurz nach der Verzweigung mit dem von der Mitterkaseralm hochkommenden Wanderweg, können wir eine Variante wählen, wenn wir nicht im Stahlhaus **02** einkehren wollen. Wir folgen links den Trittspuren zu einer Liftstation hoch, steigen auf dem schmalen Pfad durch eine Senke und dann in ständigem Auf und Ab hoch, bis wir auf den Originalanstiegsweg vom Stahlhaus kommen. Bei einer felsigen Scharte (Marterl) geht es kurz abwärts, dort treffen wir auf die Verzweigung **03** zur Mitterkaseralm, unseren späteren Abstiegsweg. Über gut gestuften Fels erreicht man wenig später das Schild „Pfaffenscharte, 1900 m" **04**. Der deutlich steiler werdende

Steig bringt uns nach einer Linkstraverse zu einem Drahtseil, dem wieder eine flachere Linkstraverse folgt. Nach einem weiteren Drahtseilstück steigen wir durch eine schottrige Felsrinne zum Jägerkreuz 05 hoch (2200 m, Schilder), von wo es nun gemütlicher über den sanft geneigten Hang zum Gipfel des Hohen Bretts 06 hinaufgeht. Abstieg: Auf dem Anstiegsweg, bis wir in der Scharte der Verzweigung 03 rechts zur Mitterkaseralm folgen. Die ersten Meter führen recht steil abwärts, dann schlängelt sich der gut sichtbare Pfad zunächst auf engen schottrigen Kehren, dann durch Latschengelände bergab in Richtung der bald sichtbaren Mitterkaseralm. Wir überqueren ein Bachbett und über einen felsigen, später geröllligen Pfad erreichen wir die Mitterkaseralm 07. Auf dem breiten Weg wandern wir ab der Hütte in einem großen Linksbogen hinab zur Mittelstation 08 und schweben die letzten Meter gemütlich bergab.

Dein Moment für die Ewigkeit

Übung macht den Meister

Auch am Berg herrscht Zeitdruck für das perfekte Bild. Die Sonne geht nur einmal am Tag unter. Verpasst du es, genau in dem Moment alle Einstellungen richtig gemacht zu haben, ist auch dein Wunschbild weg. Deine Kamera und dein Equipment spielerisch zu beherrschen hilft dir, wenn es dann darauf ankommt. Deshalb heißt es auch schon vor deiner nächsten Tour: Üben, üben, üben..

24 Eiszeit unter der Riesenwand

Lawinen, die Winter für Winter durch die 1,8 Kilometer hohe Watzmann-Ostwand donnern, nähren die „Eiskapelle“ an ihrem Fuß. So weht ein Hauch der Eiszeit oberhalb von St. Bartholomä am Königssee.

Bilder von: **Maximilian Lehrke**
@maximilian.lehrke

Eiskapelle von St. Bartholomä

Tourencharakter
Leichte Wanderung auf breitem Weg, dann über Geröll und erst zum Schluss am Schneefeld entlang steiler ansteigend.

Start und Ziel
St. Bartholomä am Königssee (604 m), erreichbar von Königssee bei Schönau am Königssee mit dem Schiff (dort Parkplatz, Busverbindung vom Bahnhof Berchtesgaden).

Schwierigkeit: **leicht** - mittel - schwer
Dauer: **2:15 h**
Länge: **6,3 km**
Aufstieg **396 hm**
Abstieg **396 hm**

Höhenlinienmodell mit Streckenverlauf

Höhenprofil

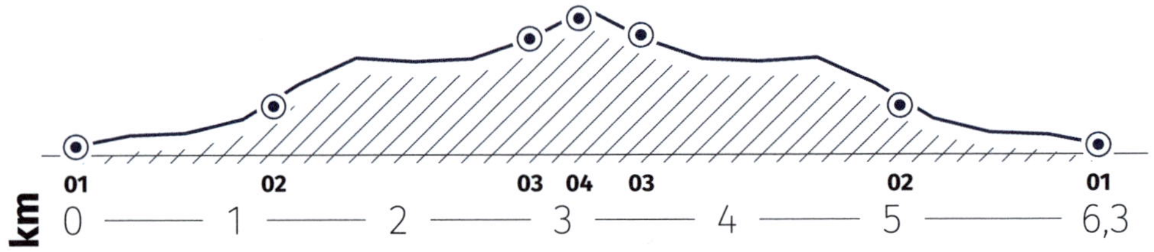

Die Eiskapelle ist wohl das am niedrigsten gelegene ganzjährig vorhandene Schneefeld in den Alpen und speist sich aus den Lawinenabgängen der Watzmann-Ostwand. Bei gleichbleibenden klimatischen Bedingungen dürfte dieser „Minigletscher" bald weitgehend verschwunden sein.

▶ Von St. Bartholomä 01 verlassen wir das Gasthaus und vor der Nationalpark-Information halten wir uns links und folgen dem Schild „Eiskapelle". Ein breiter Kiesweg bringt uns fast eben durch den schattigen Wald. Nach 10 Minuten überqueren wir vor der Kapelle St. Johann und Paul 02 auf einer Holzbrücke den Bach. Der Weg verengt sich zu einem schmäleren Pfad und es geht kurz aufwärts über Holzstufen – die Eiskapelle ist von hier mit einer Dreiviertelstunde angegeben. Über mehrere Kehren geht es im schattigen Wald steiler bergan, bis wieder ein flacheres Stück folgt. Wir durchqueren ein trockenes Bachbett und kommen nach etwa einer halben Stunde zu einem breiten, mit Schotter und Steinen gefüllten Bachbett und zu einem Schild: Achtung – Betreten der Eishöhlen und der Eisflächen verboten! Links vom Schotterbach steigen wir etwas steiler an und verlassen kurz darauf den schattigen Wald. Die Bachläufe sind an geeigneten Stellen zu überqueren, man hält sich immer direkt auf das vor einem liegende Eisfeld zu, dessen unterer Rand 03 nach knapp einer Stunde erreicht wird. Links am Schneefeld entlang kann man nun, in weiteren 15 Minuten, steiler über Fels und Geröll 📷 und durch Latschen bis zum linken oberen Rand, zur sogenannten Eiskapelle 04, hochsteigen. Von hier hat man einen schönen Überblick über das gesamte Schneefeld, den Eisgraben hinunter bis zum Königssee und einen guten Einblick in die Ostwand des Watzmanns mit seinen diversen Wasserfällen. Achtung: Auch wenn es noch so verlockend ist, die Eiskapelle darf keinesfalls betreten werden. Sie steht unter ständiger Einsturzgefahr! Der Rückweg verläuft über den Anstiegsweg.

Ich würde es auch dem kühnsten Reisenden nicht raten, bei einem nahenden Ungewitter oder Regen die Exkursion zur Eiskapelle zu wagen.

Joseph August Schultes, einer der ersten Reiseschriftsteller (1973-1831)

Dein Moment für die Ewigkeit

Sicherheit geht vor!

Auch wenn die Eiskapelle der perfekte Ort für ein cooles Instagram Bild zu sein scheint und die Versuchung groß ist: Das Betreten ist lebensgefährlich! Gerade nachdem am Königssee bereits der "Pool" als Fotohotspot zu trauriger Berühmtheit gekommen ist, sollten wir mit gutem Beispiel vorangehen und zeigen, dass man für ein gutes Bild kein Risiko eingehen muss.

25 Frieren am Funtensee

Zieht euch warm an: Da unten, am kältesten Ort Deutschlands, hatte es im Dezember 2002 klamme - 45,9 °C. Gottseidank haben Alpenfreunde schon 1903 ein gemütliches Schutzhaus neben den Funtensee gebaut.

Bilder von: **Roman Huber**
@romempix

St. Bartolomä – Kärlingerhaus

Tourencharakter
Gut ausgebauter, vor der Schrainbachalm und in der Saugasse steiler und kehrenreicher Wanderweg.

Start und Ziel
St. Bartholomä am Königssee (604 m), erreichbar von Königssee bei Schönau am Königssee mit dem Schiff (dort Parkplatz, Busverbindung vom Bahnhof Berchtesgaden).

Schwierigkeit: leicht – **mittel** – schwer
Dauer: **6:45 h**
Länge: **17,4 km**
Aufstieg **1106 hm**
Abstieg **1106 hm**

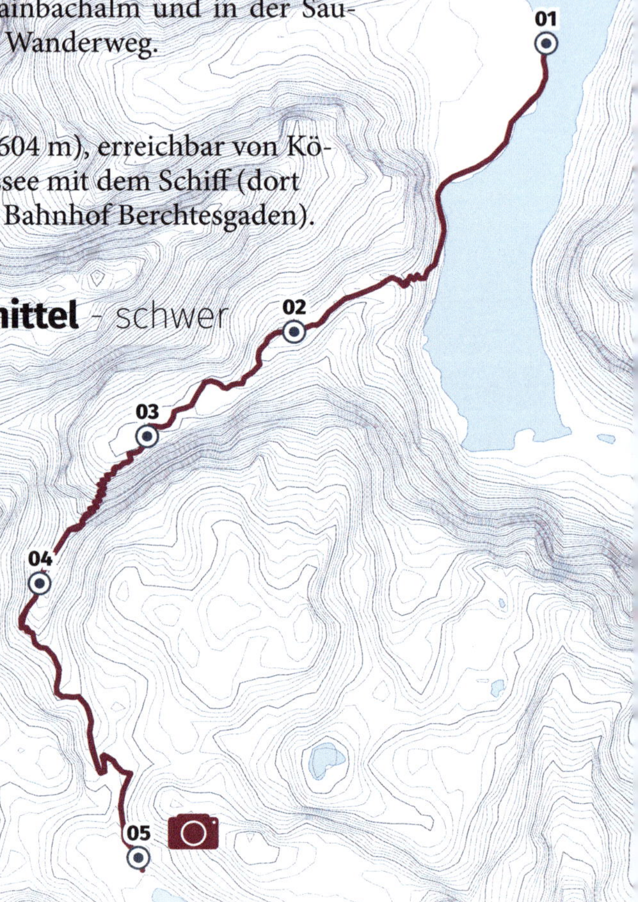

Höhenlinienmodell mit Streckenverlauf

Höhenprofil

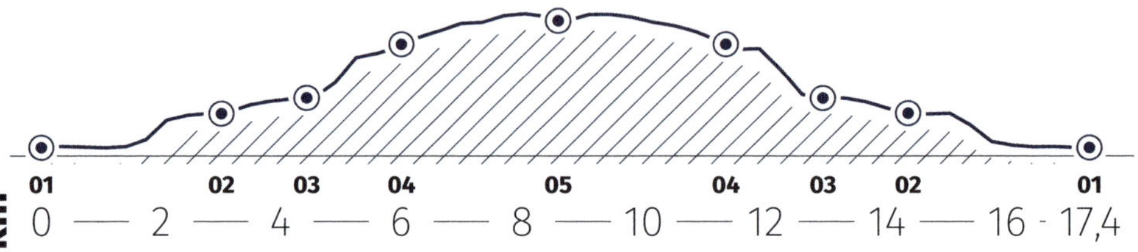

Das Steinere Meer ist eine gewaltige Hochfläche, die einiges an geologischen Besonderheiten und eine reichhaltige Flora aufzuweisen hat, aber auch Risiken birgt, die der Bergwanderer nicht unterschätzen sollte. Bei schlechteren Wetterverhältnissen ist die Orientierung ein Problem. Die markierten Wege sollten deshalb nicht verlassen werden. Der Anstieg über die Saugasse ist der leichteste und sicherste Zugang zum Kärlingerhaus, wenn auch nicht ganz ohne Schweißtropfen zu haben.

▶ Wir verlassen St. Bartholomä **01** nach Süden, folgen dem markierten Weg über die Schuttreisen des Eisbachs und spazieren am Seeufer entlang zur Wand des Burgstalls hoch. An der Wand entlang und recht steil in Serpentinen aufwärts zur Schrainbachholzstube **02**. Weiter durch Wald hinauf, bei der Weggabelung (erste Abzweigemöglichkeit zum Trischübelpass) linkshaltend und über offenes Weideland nach links, bis man bei verfallenen Almgebäuden an die Felsabstürze des Simetsbergs herankommt. Hier beginnt der schon von Weitem erkennbare sonnige Aufstieg, die sogenannte Saugasse **03**, ein sich in Kehren zwischen den Felsen hochschlängelnder Steig. Nach dieser eher mühsamen Passage, die besonders bei sehr heißem Sommerwetter für die vorhin erwähnten Schweißperlen gesorgt hat, kommen wir in der Nähe von ehemaligen Almflächen (bei der Quelle eine nach rechts weisende Tafel) an der zweiten Abzweigung zum Trischübel 04 vorbei. Der weitere Weg führt nun recht gemächlich hoch zum Funtenseesattel, wo man dann unvermittelt vor sich in einer Senke das Kärlingerhaus 05 und auch den schön gelegenen Funtensee erblickt. Der Abstieg verläuft auf dem Anstiegsweg, es sei denn, man nimmt oberhalb der Saugasse links die Abzweigung zum Trischübel und dann wieder rechts zur Sigeretplatte. Der Markierung 419 abwärtsfolgend erreicht man wieder den Anstiegsweg. Diese Variante ist aber Trittsicheren vorbehalten, da teilweise steile und ausgesetzte Holzstufen am Fels entlang nach unten führen.

Dein Moment für die Ewigkeit

Blick durch den Sucher

Überleg dir früh genug was du fotografieren willst und wo dafür der beste Standort ist. Erst der Blick durch den Sucher oder auf das Display zeigt dir, ob die gewählte Position optimal ist. In unserer Wahrnehmung blenden wir uninteressante Partien am Rand aus oder fokussieren uns auf ein Detail. Den attraktiven Bildbereich müssen wir beim Fotografieren aktiv auswählen.

26 Seefahrt auf Stein

Vom 2158 Meter hohen Viehkogel inmitten des Steinernen Meeres schweift der Blick nordwärts zur ebenso steinernen Familie Watzmann. Es grüßen Südspitze, Mittelspitze und die kleineren Watzmannkinder.

Bilder von: **Jakob Lipp**
@jakob_lipp

Viehkogel

Tourencharakter
Steiler Anstieg bis zur Abzweigung, dann problemloser Steig, stellenweise karstige und schuttige Platten.

Start und Ziel
Kärlingerhaus (1631 m), Zugang vom Königssee siehe Tour 25.

Schwierigkeit: leicht - **mittel** - schwer
Dauer: **3:15 h**
Länge: **5,1 km**
Aufstieg **532 hm**
Abstieg **532 hm**

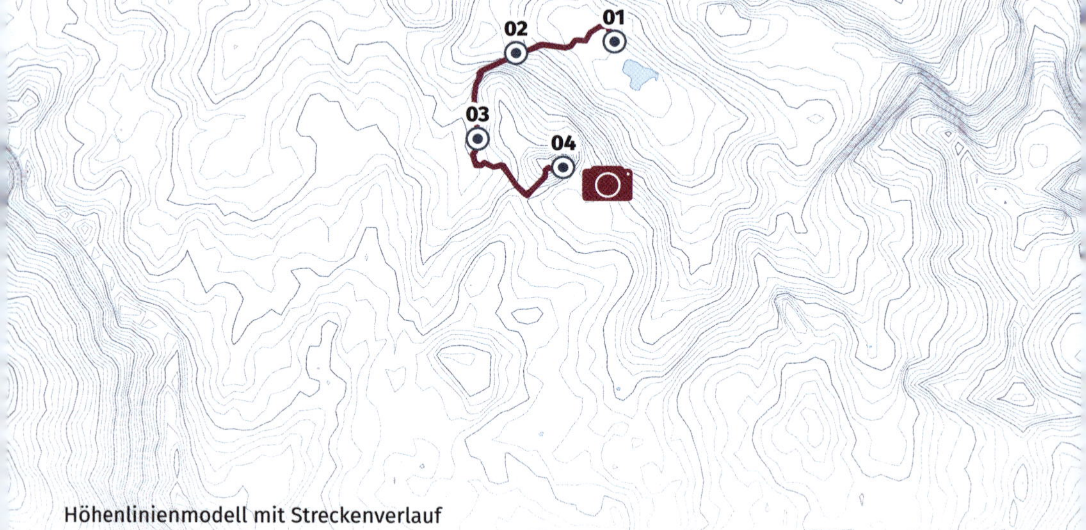

Höhenlinienmodell mit Streckenverlauf

Höhenprofil

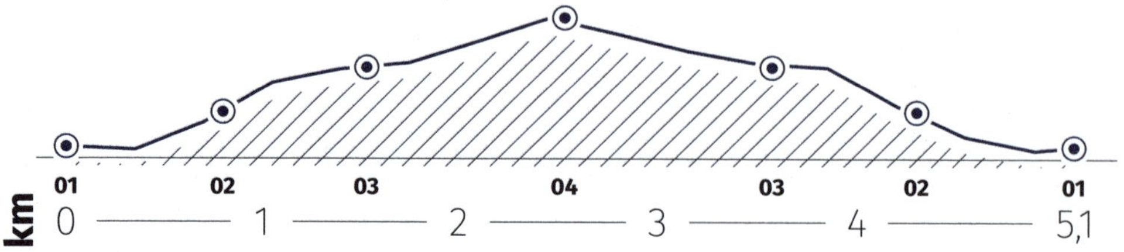

Wer sich einen ganz besonderen Überblick über das Steinerne Meer verschaffen will, sollte sich die rund 500 Höhenmeter zumuten, um auf einen der leichtesten Aussichtspunkte innerhalb der Karsthochebene zu gelangen. Vom Bärengraben bzw. vom Funtensee aus beeindruckt der Viehkogel zwar durch eine imposante Felsgestalt und verbirgt erfolgreich seine sehr viel leichtere Zugangsmöglichkeit von Süden her, von wo er nur als eine unscheinbare Erhebung im Hochplateau des Steinernen Meeres aus-

zumachen ist. Der Viehkogel ist bei einem Besuch des Kärlingerhauses – besonders natürlich bei einer Übernachtung – ein lohnendes und schnelles Gipfelziel und liegt genau auf der Grenze des Nationalparks, die hier auch die Grenze zwischen Deutschland und Österreich markiert.

▶ Wir verlassen das Kärlingerhaus 01 auf dem Verbindungsweg zum Königssee, biegen dann bald nach links ab und wandern durch die offene Wiesensenke zum Wald hinüber. Auf einem steilen, gerölligen und kehrenreichen Steig folgen wir der Markierung 412, dem Weg zum Ingolstädter Haus, hoch auf einen Sattel. Kurz nachdem wir oben angekommen sind, verlassen wir den Hüttenverbindungswegbei einer ausgeschilderten Verzweigung 02, biegen links ab und halten uns, die Felsen linker Hand, in Richtung Süden. Wir passieren die Viehkogeltalhütte 03 und setzen – uns weiterhin linkshaltend – die Umrundung des Viehkogels fort. Stetig ansteigend über schrofige und schuttige Platten gelangen wir in den Rücken des Berges und nähern uns dem Gipfel von Süden. Den höchsten Punkt des Viehkogels 04 betreten wir unschwierig über den leicht geneigten und grasigen Gipfelhang. Der Blick nach Norden, hinunter zum Funtensee und weit hinaus zum Königssee, ist ebenso beeindruckend wie die Rundumsicht über die unwirtliche Hochebene des Steinernen Meeres. Beim Abstieg sollte man sich an den bekannten und markierten Anstiegsweg halten und die sichtbaren Begehungsspuren unmittelbar unter dem Gipfelhang, die nach Osten und weiter hinüber zum Hüttenverbindungsweg Kärlingerhaus–Riemannhaus weisen, ignorieren.

Dein Moment für die Ewigkeit

Motivwahl

Weniger ist manchmal mehr. Wenn dir die Stimmung einer Umgebung gefällt, dann versuche genau das einzufangen. Was macht die Stimmung aus? Du kannst nicht alles abbilden. Such dir bewusst den Bildausschnitt aus und gleiche das Ergebnis mit deiner Vorstellung ab

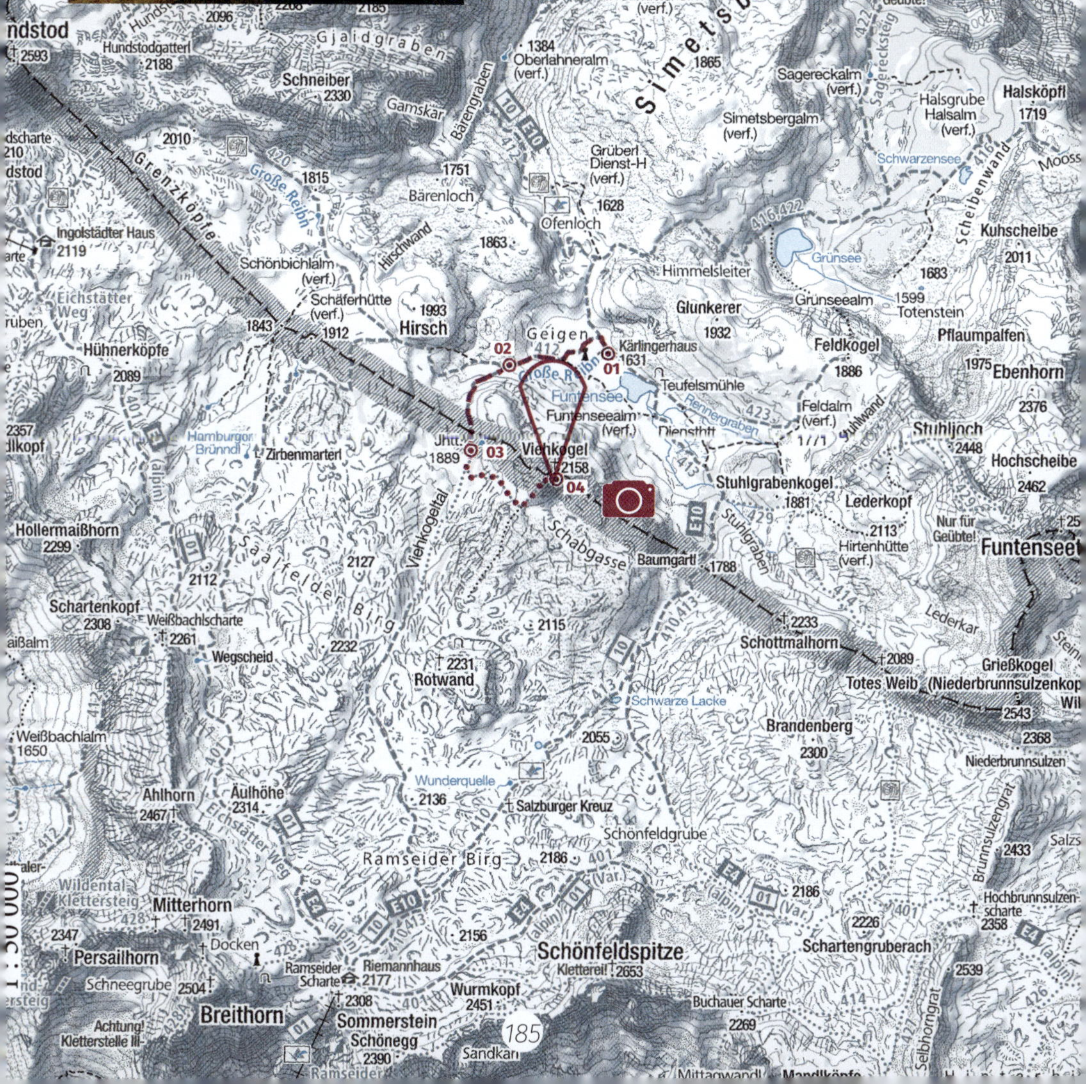

27 Wasser in der Wüste

Seeleinsee – was für ein bezaubernder Name! Und was für ein kristallklares Kleinod mitten im Hagengebirge, das einen knochentrockenen Karstwall zwischen dem Königssee und dem Tal der Salzach bildet.

Bilder von: **Katharina Wildenhof @katharinawildenhof**

Schneibstein 2276 m – Seeleinsee

Schwierigkeit: leicht - **mittel** - schwe

Dauer: **6:45 h**

Länge: **16,5 km**

Aufstieg **621 hm**

Abstieg **1813 hm**

Tourencharakter
Landschaftlich sehr abwechslungsreiche Bergwanderung auf breiten Wegen, schmalen Bergpfaden, Wald- und Wiesenwegen. Diese Tour ins alpine Karstgebiet ist lang und anstrengend, ohne wirklich schwierig zu sein. Einkehr- und Übernachtungsmöglichkeit im Schneibsteinhaus.

Start und Ziel
Königssee, 604 m, Talstation der Jennerbahn; Busverbindung vom Bahnhof Berchtesgaden, Parkplatz. Auffahrt mit der Gondelbahn zur Bergstation Jenner, 1802 m.

Höhenlinienmodell mit Streckenverlauf

Höhenprofil

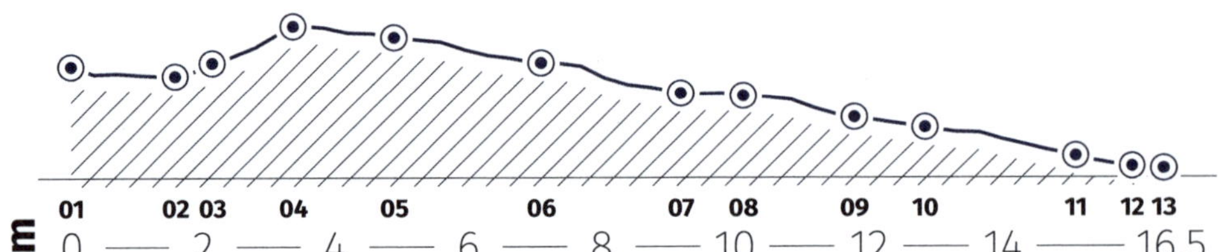

Die „Kleine Reib'n“ ist eine eindrucksvolle Hochgebirgstour, die auch von Skibergsteigern gerne durchgeführt wird. Nach dem Anstieg zum Schneibstein folgt eine grandiose Höhenwanderung zum Seeleinsee und ein beeindruckender Abstieg ins Almgebiet der Priesberg- und Königsbachalmen. Wer sich den kompletten Fußabstieg zum Königssee sparen will, kann bequemer ab der Mittelstation mit der Gondel ins Tal hinabschaukeln.

▶ Von der Jenner-Bergstation **01** wandern wir in Richtung Stahlhaus, bis nach rechts ein schmaler Pfad zum Schneibsteinhaus **02** abzweigt. Am Hang entlang leicht bergab und vor der Hütte links vorbei. Wir folgen dem schmalen Pfad, der sich schön durch den Latschenhang schlängelt, bis wir auf die Verzweigung **03** mit dem Stahlhaus-Weg treffen. Nun rechts dem Anstiegsweg zum Schneibstein folgen. Durch Latschen und über felsige Absätze steigen wir hoch, teils unterstützt durch Stein- und Holzstufen. Nach einem Schuttkar traversiert man das felsige Terrain rechts haltend bis zum schrofigen Grat, wo man sich links hält und über den breiten Rücken zum flachen Gipfelplateau des Schneibsteins **04** ansteigt. Wir folgen am Gipfel der Beschilderung Richtung Seeleinsee, es geht sehr aussichtsreich über kleine Altschneefelder und zwischen Felsen hindurch abwärts, bis auf wenige steilere Stellen meist eher gemäßigt. Karge Steinwüstenbereiche wechseln mit pflanzenreichen, grasigen Etappen ab, insgesamt schlängelt sich der Weg links unterhalb des Kamms entlang. Ein sehr schöner Hangpfad bringt uns zur Position Windscharte **05**, anschließend folgt eine Abwärtsquerung durch felsiges, abschüssiges Gelände, das immer wieder mal mit steileren Felsstufen aufwartet. Wir nähern uns der Talsohle, nach vorne ist vereinzelt schon der Blick auf den kleinen Seeleinsee möglich.

Es geht dann nochmals über mehrere felsige Steilstufen bergab, und in der Talsohle wandert man über Altschneefelder und eine blumenreiche Landschaft zum Seeleinsee 06, der links unterhalb des Weges auftaucht. Kurz nach dem See treffen wir auf eine Verzweigung und biegen rechts ab Richtung Priesbergalm. Zunächst über felsigeres Gelände, dann durch Wald, erreichen wir wieder offenes Wiesengelände. Nach der Verzweigung 07 mit dem Unteren Hirschenlauf überqueren wir einen Bach und wandern auf einem aussichtsreichen Pfad an der Priesbergalm vorbei. Die jetzt breitere Kiesstraße fällt ab, und nach der Priesbergalm 08 zweigt vor einer Kurve am Waldrand links ein nicht markierter Pfad ab. Anfangs flach, dann stetig abwärtsführend, bringt uns der manchmal etwas steinige Pfad durch den schattigen Wald hinab zur Königsbachalm 09, die rechts unten sichtbar wird, sobald wir das Waldende erreicht haben. Auf der breiten Kiesfahrstraße Richtung Mittelstation geht es, am Königsbach entlang, bergab, bis wir links auf den Abzweig 10 zum Hochbahnweg treffen. Nach Unterqueren der Seilbahn stoßen wir nach einer scharfen Linkskurve auf die ersten Häuser und auf Asphalt. Am Café Hochbahn 11 vorbei passieren wir die Talstation 12 und sind wenige Schritte später am Parkplatz 13.

Dein Moment für die Ewigkeit

Natürlicher Rahmen

Mit Blättern, Blüten und der Topografie lässt sich ein natürlicher Rahmen erstellen, der dem Bild Kontrast und Spannung verleiht. Unter Fotografen ist dieses Stilmittel auch als „Framing“ bekannt.

28 Im Hinterland des Königssees

Das ist er, der höchste Wasserfall Deutschlands: Der Röthbach stürzt über 380 Meter ins Hochtal des Obersees, den ein Bergsturz dereinst vom Königssee abgespaltet hat. Ein toller Rundkurs führt durch diese Geo-Sensationsgegend.

Bilder von: **Lennart Artinger**
@lennart_artinger

Hoch über dem Obersee

Tourencharakter
Anspruchsvolle Rundtour auf stellenweise steilen und gesicherten Pfaden, die Trittsicherheit und Schwindelfreiheit erfordern; etliche rutschige Passagen. Vom Wegpunkt 02 kann man auch links in 45 Minuten zur Gotzenalm (1685 m) aufsteigen und dort übernachten.

Start und Ziel
Saletalm am Südufer des Königssees (604 m); Zufahrt mit dem Schiff von Königssee (Parkplatz, Busverbindung vom Bahnhof Berchtesgaden).

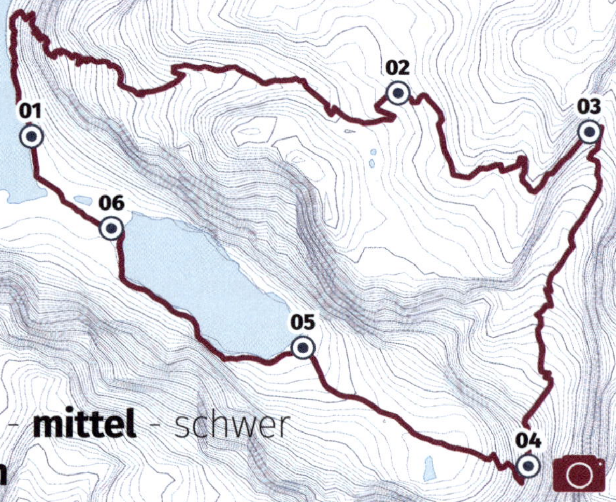

Schwierigkeit: leicht - **mittel** - schwer
Dauer: **6:00 h**
Länge: **14,9 km**
Aufstieg **1773 hm**
Abstieg **1773hm**

Höhenlinienmodell mit Streckenverlauf

Höhenprofil

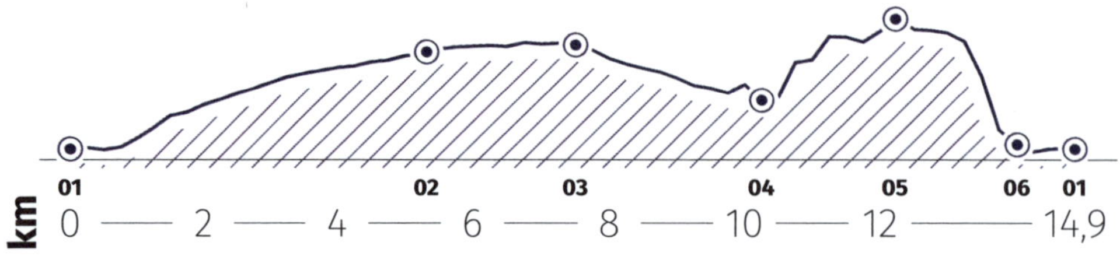

An diesem Tag war einfach alles nur toll: vom Wetter über die Schiffsfahrt über den Königssee, die Wanderung zum Obersee und dann noch der Röthbachfall (wow).

Clemens Martin auf facebook

Zwischen dem Königssee und der frei auf einer Terrasse gelegenen Gotzenalm sind steile und teils felsige Hänge zu überwinden – doch das Schweißvergießen lohnt sich!

▶ Nach der Bootsfahrt folgen wir in Salet **01** dem Schild „Kaunersteig – Regenalm – Gotzenalm" (Nr. 492) nach links. Zuerst geht's am Seeufer entlang, dann steiler

Dein Moment für die Ewigkeit

Spiegeln

Für die perfekte Spiegelung brauchst du ein ruhiges Gewässer, einen möglichst tiefen Standpunkt und Distanz zu dem was gespiegelt werden soll. Spiegelungen sind ein beliebtes Stilmittel, versuche noch ein Highlight im Bild zu platzieren, wie zum Biespiel hier den Wasserfall. In diesem Bild spiegelt sich davor das satte Grün im See. Das Bild wirkt dadurch besonders lebendig.

werdend rechts hoch in den Wald hinauf. Auf schattigem Waldpfad, teilweise in engen, steilen Serpentinen (mit vielen Holztreppen, an steileren Stellen zusätzlich mit Drahtseil versehen) halten wir uns in Richtung Felsen. Nach Überwindung dieser anstrengenden Passage wird der Weg flacher, man traversiert eine Geröllhalde und folgt dem bequemeren Steig durch dichten Wald. Nach ca. 2 Stunden erreicht man die Hochfläche, kommt in die Sonne und passiert etwa 30 Minuten später die Regenalm. Etwas oberhalb davon erreicht man eine Abzweigung **02**, von der man rechts weiter geht (links führt der Weg weiter hinauf zur Gotzenalm).

Wir halten uns also rechts Richtung „Wasseralm, Hochgschirr“ und steigen zum Waldrand hoch. Nach der Durchquerung von Wald und Lichtungen beginnt die Traverse an den Felsen entlang in den Landtalgraben hinab. Nach einer Holzbrücke geht es rechtshaltend in steilen, engen und recht schottrigen Kehren zur Verzweigung **03** im Landtalgraben hinab. Hier biegen wir rechts ab und folgen dem abfallenden Pfad in den lichten Wald hinab. Wir passieren die verfallene Landtalalm und tauchen wieder in den Wald ein. Steilere und kehrenreiche Passagen auf einem felsigwurzeligen Pfad wechseln mit eher flachen Streckenabschnitten ab. Mitten im Wald treffen wir auf die Verzweigung, die rechts hinab Richtung „Obersee/Fischunkelalm“ und geradeaus Richtung Wasseralm weist. Wir entscheiden uns für die rechte Variante, die uns wieder abwärts führt. Der Abstiegsweg ist mit Stufen versehen, an steileren Abschnitten mit Drahtseil versichert und verläuft oft über enge, ausgesetzte Kehren. Der Hang wird in Richtung Röthbach-Wasserfall gequert, bis wir die Verzweigung 04 erreichen, die rechts hinab zur Fischunkelalm führt. Es folgt eine kurze Drahtseilpassage, dann leitet uns der Pfad in Kehren bergab und bringt uns unten ans Waldende. Hier treffen wir auf eine Beschilderung Richtung Saletalm, der wir geradeaus folgen. Über Almwiesen wandern wir fast eben dahin, haben bald Blickkontakt zum Obersee und schlendern gemütlich auf dem rechts abbiegenden Pfad hinab zur Fischunkelalm 05. Links am See entlang, durch ein kurzes Waldstück, geht es zunächst über geländergesicherte Stufen bergauf, dann wieder bergab und stets am Ufer entlang auf wurzeligem Pfad zum Bootshaus 06 am Seeende. Linkshaltend auf breitem gekiesten Weg passieren wir das Gasthaus Saletalm und erreichen die Anlegestation Salet 01.

29 Königlicher Seeblick

Während der Gaisberg bei Salzburg aus dem Dämmerlicht taucht, erleuchten die ersten Sonnenstrahlen den viel größeren Untersberg. Wer dieses Schauspiel erleben möchte, muss schon am Vortag über den Königssee schippern, die Steinflanken des Steinernen Meeres erklimmen und in der Wasseralm übernachten.

Bilder von: **Roman Huber**
@romempix

Auf das Halsköpfl 1719 m

Tourencharakter
Abwechslungsreiche Bergwanderung auf steilen und stellenweise gesicherten Pfaden. Leichter Auftakt am Obersee, dann über den steilen Röthsteig zur Wasseralm (Übernachtungsmöglichkeit, empfehlenswert!), Höhenwanderung zum aussichtsreichen Halsköpfl. Der Abstieg führt über den schattigen Sagerecksteig zurück nach Salet. Abfahrtszeiten der Schiffe beachten, denn in Salet gibt's keine Nächtigungsmöglichkeit.

Start und Ziel
Königssee in den Berchtesgadener Alpen, gebührenpflichtiger Parkplatz am Nordufer; Zufahrt von Berchtesgaden (auch Busverbindung). Mit dem Schiff über den See zur Anlegestelle „Salet", 604 m; Rückfahrt ebenfalls mit dem Schiff.

Schwierigkeit: leicht - **mittel** - schwer
Dauer: **6:45 h**
Länge: **15,9 km**
Aufstieg **1156 hm**
Abstieg **1156 hm**

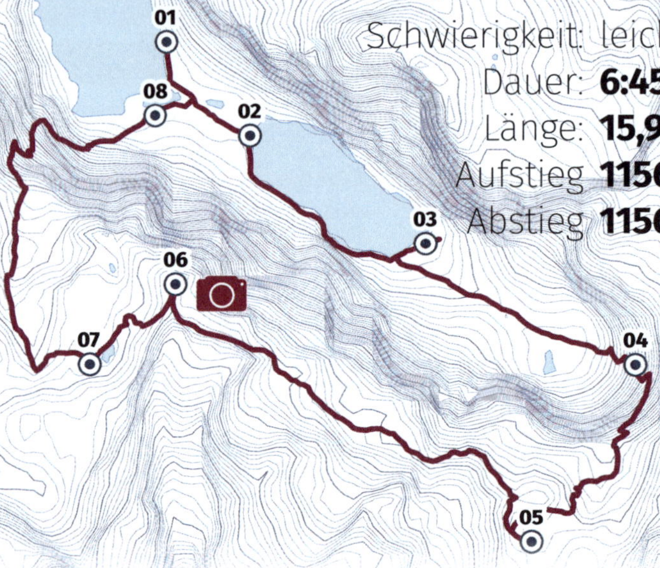

Höhenlinienmodell mit Streckenverlauf

Höhenprofil

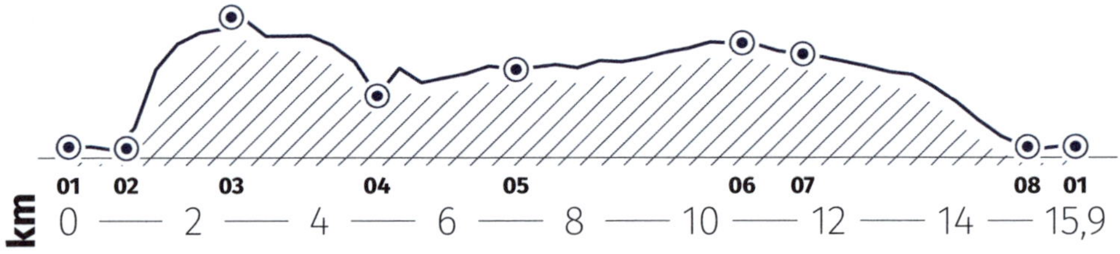

Was Du für den Gipfel hältst, ist nur eine Stufe.

Lucius Annaeus Seneca, römischer Philosoph (ca. 4 v. Chr. – 65 n. Chr.)

Der 5,22 Quadratkilometer große Königssee erscheint aufgrund seine Länge von sieben Kilometern wie ein Fjord in der Felsenwelt der Berchtesgadener Alpen. An seiner tiefsten Stelle könnte man 190 Meter weit hinuntertauchen, während ihn die berühmte Ostwand des Watzmanns noch um 2110 Meter überragt. Da sogar die Kühe per Boot zu ihren Sommerweiden im Süden des Sees gebracht werden müssen, wundert es niemanden, dass auch fast alle Wanderungen in seinem Umkreis mit einer Schifffahrt beginnen. Das gilt genauso für diese anspruchsvolle, aber überaus abwechslungsreiche Tour auf ein aussichtsreiches Felsköpfl am Rand des Steinernen Meeres.

Selbstverständlich starten wir in Königssee mit dem ersten Boot, um so früh wie möglich zur Anlegestation Salet 01 zu gelangen. Dann wandern wir auf dem markierten Weg zum malerisch gelegenen Obersee 02 und an seinem rechten Ufer – dem wurzeligen Pfad folgend – in den Fischunkelkessel. Vorbei an der Abzweigung zur Fischunkelalm 03 geht's dort weiter. Der steile Röthsteig 04 leitet uns bergwärts; über flacheres und schattiges Waldgelände traversieren wir hinüber zur Wegverzweigung kurz oberhalb der bewirtschafteten Wasseralm 05. Hier können wir einkehren, bei Bedarf auch die Tour unterbrechen und übernachten.

Der Weiterweg führt in ständigem Auf und Ab als abwechslungsreiche, zuletzt etwas stärker ansteigende Höhenwanderung, meist schattig, hinüber zum Sattel unterhalb des Halsköpfls 06. In wenigen Minuten gelangt man über einen steilen Hang auf den höchsten Punkt dieses kleinen, aber feinen Aussichtsberges. Wieder hinab auf unseren Weg 416, einen Felsvorsprung umgehend, steigen wir anschließend zum kleinen, versteckt liegenden Schwarzsee 07 hinab und erreichen auch kurz darauf die Verzweigung mit dem Anstiegsweg vom Königssee zum Kärlingerhaus. Wir folgen der Markierung 422 nun rechts hinab und gelangen über die Hochfläche zum steileren, stellenweise gesicherten Sagerecksteig, der uns über viele Holzstufen und Kehren durch den schattigen Wald rasch hinableitet. Man genießt beim Abstieg immer wieder schöne Ausblicke auf den Königssee, kann den Schiffsverkehr auf dem Wasser beobachten und somit sein Abstiegstempo entsprechend anpassen. Über Wiesen und vorbei an der Saletalm 08, die – wenn noch genügend Zeit vorhanden ist – zur Einkehr einlädt, erreichen wir die Anlegestelle Salet 01, wo unsere Bergwanderung endet.

Dein Moment für die Ewigkeit

Vordergrund...

„Vordergrund macht Bild gesund". Ein kurzer Spruch, den man sich merken sollte. Der Stein im Vordergrund ist nahe am Objektiv und wird durch den Fokus auf die Bergketten unscharf. Dieses Spiel mit dem Fokus verleiht dem Bild das besondere Extra.

30 Da liegt der Hund begraben

Das kommt vom Blutrausch: Selbst die Hunde des grausamen Königs Watzmann erhielten ihre gerechte Strafe, indem sie vom Hundstod abstürzten. Daher Vorsicht da oben auf diesem wunderbaren, aber recht raufelsigen Berg!

Bilder von: **Tamara Putzhammer @maaa.ra**

Großer Hundstod

Tourencharakter
Mehrtägige, anspruchsvolle Bergtour in hochalpinem Karstgelände; Voraussetzungen dafür sind gute Kondition, Bergerfahrung und sicheres Wetter.

Start und Ziel
Kärlingerhaus (1631 m). Zugang von St. Bartholomä am Königssee (618 m) siehe Tour 25.

Schwierigkeit: leicht - mittel - **schwer**
Dauer: **8:30 h**
Länge: **14,2 km**
Aufstieg **1000 hm**
Abstieg **1000 hm**

Höhenlinienmodell mit Streckenverlauf

Höhenprofil

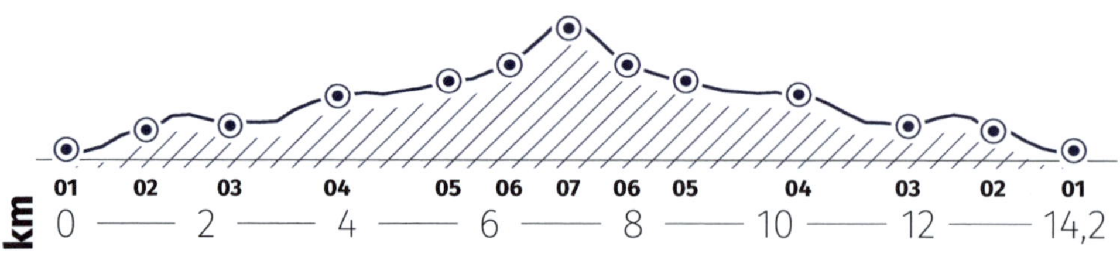

Durch seine Gipfelhöhe, die ihn in der weiten Plateauebene über seine unmittelbaren Nachbarn erhebt, ist der Große Hundstod der bedeutendste Aussichtsberg am nordwestlichen Rand des Steinernen Meeres.

▶ Vom Kärlingerhaus 01 – der Zugang dorthin ist bei Tour 25 beschrieben – wandern wir ein paar Schritte Richtung Königssee zurück und dann links gemäß der Beschilderung „Ingolstädter Haus" steil zur Abzweigung zum Viehkogel 02 hinauf. Von dort geht's rechts – in neuer Trassenführung und abschnittsweise über steile Stufen – am Fuße des Viehkogels entlang weiter. Vorbei an der Abzweigung zur Peter-Wiechenthalerütte 03 marschieren wir nun dem bereits sichtbaren Ingolstädter Haus entgegen. Der Pfad schlängelt sich durch Felsen hindurch von Senke zu Senke aufwärts, unterbrochen nur durch kurze Abstiege. Das Gelände wird immer felsiger und bald marschieren wir steil am Fuß einer Felswand entlang zur nächsten Wegverzweigung unter dem Hundstodgatterl 04, wo wir unten auf dem linken Pfad bleiben. Am Fuße des Hundstods gehen wir einen Geröllkessel aus, bis wir – oft noch spät im Sommer auf Altschneeresten – zum Ingolstädter Haus 05 ansteigen. 3¼ h.

Direkt dahinter beginnt der gut markierte Pfad auf den Großen Hundstod. Er führt über Schotter und – unterbrochen durch kurze Abstiege – immer wieder über Steilstufen zur Hundstodscharte 06 empor. Nach einer kurzen Abwärtspassage erreichen wir eine Verzweigung: Links ist die Hochwies, rechts der Hundstod markiert. Dorthin zieht der steinige, kehrenreiche

und steile Aufstieg über den Felshang. Schließlich erreichen wir den Grat und kurz darauf das mit einem großen Edelweiß verzierte Gipfelkreuz des Großen Hundstods 07. Nach 1½ Stunden genießen wir ein gewaltiges Panorama zu Hochkalter, Watzmann, Schönfeldspitze, Hochkönig, zu den Loferer Steinbergen und in die Glocknergruppe.

Der Abstieg verläuft über den Anstiegsweg in 1¼ Stunden zum Ingolstädter Haus 05 und in 2 Stunden 20 Minuten zurück zum Kärlingerhaus 01.

Dein Moment für die Ewigkeit

Bildaufbau

Das Bild weist einen perfekten Bildaufbau vor. Es ist horizontal nahezu perfekt gedrittelt: Die Wiese mit dem Bach im Vordergrund, die Bergkulisse in der Mitte und der Himmel im oberen Drittel des Bildes. So ergibt sich ein Motiv wie von einer Postkarte.

Wanderlexikon

Alles eine Frage des Verständnisses: eine kurze Erklärung der wichtigsten Grundbegriffe rund ums Wandern und Bergsteigen.

Schwierigkeit: Die Einteilung erfolgt nach der Länge, der zu leistenden Höhenmeter und den technischen Ansprüchen der Tour.

Leicht: Einfache Wanderungen ohne besonderer Anforderungen und nötige Vorkenntnisse.

Mittel: Wanderungen mit zum Teil steilen Anstiegen oder kurzen ausgesetzten Stellen. Schlüsselstellen und Schwierigkeiten werden im Tourencharakter beschrieben. Eine grundlegende Ausdauer und Wandererfahrung ist vorausgesetzt.

Schwer: Lange und oder anspruchsvolle Wanderungen oder Bergtouren. Die Tour kann über steile und ausgesetzte Pfade führen. Gute Kondition, Trittsicherheit und Schwindelfreiheit sind je nach Charakter der Tour erforderlich.

Leichte Kletterei: Schwindelfreiheit und feste Bergschuhe sind erforderlich. Diese Passagen sind nur unter Zuhilfenahme der Hände zu bewerkstelligen.

Seilversichert: Schlüsselstellen sind mit (zumeist) verankerten Stahlseilen gesichert.

Markierter Wanderweg: Ausgeschilderter und zumeist nummerierter Wanderweg. Die Wegenummern werden in der Tourenbeschreibung und in der Karte aufgegriffen.

Variante: Vorschlag die Tour zu erweitern oder ein alternativer Routenverlauf.

Weiter wandern

Auf den Geschmack gekommen? Das Berchtesgadener Land bietet ein wahres Füllhorn attraktiver Spaziergänge, Wanderungen und Bergtouren. Hier findest du nützliche Infos und Adressen.

KOMPASS-Wanderkarten

Wanderkarten Set 291 Salzburg und Umgebung, 1:50.000;
Wanderkarte 14 Berchtesgadener Land, Chiemgauer Alpen, 1:50.000;
Wanderkarte 15 Tennengebirge, Hochkönig, 1:50.000;
Wanderkarte 794 Berchtesgadener Land, Königssee, Nationalpark Berchtesgaden, 1:25.000.

KOMPASS-Wanderführer

Wanderführer 5431 SalzAlpenSteig
Wanderführer 5438 Berchtesgadener Land und Steinernes Meer
Wanderführer 5441 Königssee, Nationalpark Berchtesgaden
Dein Augenblick 1679 Bayerische Alpen

Touristische Informationen

Tourist-Info Berchtesgaden
Königsseer Straße 2
D-83471 Berchtesgaden
Tel: +49 8652 65650 700
E-Mail: info@berchtesgaden.de

www. koenigssee.de
www.nationalpark-berchtesgaden.bayern.de
www.berchtesgaden.de

Deine Orientierung

Für das Navigationsgerät deiner Wahl haben wir alle Touren als GPX-Track zum Download.

Du planst und navigierst lieber digital? Dafür haben wir alle Touren auf unserer Webseite für dich.

www.kompass.de/gpx

Damit kommst du direkt zum Download-Bereich. Einfach das richtige Produkt auswählen, herunterladen und auf das Zielgerät oder in die gewünschte App importieren.

GPX-Track

GPX ist ein Datenformat für Geodaten. Mit einem GPX-Track bekommst du die rote Linie, also den Pfad, als geografische Koordinaten.

Impressum

1. Auflage 2022 (22.01) Verlagsnummer 1311
ISBN 978-3-99121-309-3

Konzept und Bildnachweis

Konzept und Gestaltung: Thomas Kargl
Projektleitung: Miriam Weber und Julia Flory
Text und Fotos (soweit nicht anders angegeben): KOMPASS-Karten
Titelbild: Zennokopf von René Langusch
Grafische Herstellung: KOMPASS-Karten
Bildnachweis aufgelistet mit der Seitenzahl nach Fotografen:
Sabrina von Bein: 1–3, 94–105, 212/213; **Thomas Kargl**: 4/5, 40–45, 64–70, 112–117; **Fabian Künzel** (†): 21, 22; **Simon Laabmayer:** 25, 124–129; **René Langusch:** 28–33, 118–123; **Tamara Putzhammer**: 34–39,136–141, 206–211, 213; **Florian Wimmer und Melanie Haas**: 46–51; **Michael Perschl**: 52–63, 71–81, 142–167, 212; **Lennart Artinger**: 82–87, 192–199; **Katharina Wildenhof und Roman Strasser**: 88–93, 215; **Katharina Wildenhof**: 106–111, 130–135, 186–191, Cover Rückseite; **Maximilian Lehrke**: 168–173; **Roman Huber**: 174–179, 200–205; **Jakob Lipp**: 180–185;

Alle Angaben und Routenbeschreibungen wurden nach bestem Wissen gemäß unserer derzeitigen Informationslage gemacht. Die Wanderungen wurden sehr sorgfältig ausgewählt und beschrieben, Schwierigkeiten werden im Text kurz angegeben. Es können jedoch Änderungen an Wegen und im aktuellen Naturzustand eintreten. Wanderer und alle Kartenbenützer müssen darauf achten, dass aufgrund ständiger Veränderungen die Wegzustände bezüglich Begehbarkeit sich nicht mit den Angaben in der Karte decken müssen. Bei der großen Fülle des bearbeiteten Materials sind daher vereinzelte Fehler und Unstimmigkeiten nicht vermeidbar. Die Verwendung dieses Führers erfolgt ausschließlich auf eigenes Risiko und auf eigene Gefahr, somit eigenverantwortlich. Eine Haftung für etwaige Unfälle oder Schäden jeder Art wird daher nicht übernommen. Für Berichtigungen und Verbesserungsvorschläge ist die Redaktion stets dankbar.

Erzähl uns von deinen Abenteuern auf Instagram und Facebook mit:

#folgedeinemKOMPASS

*#folgedeinem**KOMPASS***